바른 요령으로 노력하면
누구나 글씨를 잘 쓸 수 있어요.
아래 티켓에 이름을 쓰고
30일간의 글씨 여행을 떠나 보아요^^

TICKET

학교 _____

이름 _____

글씨 잘 쓰는 아이가 공부도 잘해요!

# 초등학생 30일 글씨연습장

이해수 지음

좋은날들

**머리말** — 부모님에게

# 반듯한 글씨는 평생의 선물입니다

세상에 똑같은 얼굴이 없듯이 글씨 모양새도 열 사람이면 열 모두 다르지요. 하지만 반듯한 글씨는 남들이 보기에 좋다거나, 노트 정리가 깔끔해진다는 그 이상의 문제입니다. 글씨는 곧 그 사람의 얼굴이기 때문입니다.

스마트폰이나 컴퓨터로 쓰면 되는데, 글씨가 대수냐고요? 사실 글씨를 잘 못 써도 당장에 크게 불편한 일은 없을지 모릅니다. 갖가지 글이나 과제물, 심지어 편지와 일기도 워드 프로세서가 글씨를 대신하곤 하니까요. 그래서일까요? 요즘 아이들은 연필보다 마우스가 더 손에 익습니다. 글씨 쓰기를 힘들어하고, 본인이 쓴 글씨조차 못 알아보니 아예 글쓰기 자체를 싫어합니다. 하지만 어른들은 잘 알고 있습니다. 살아가면서 손글씨의 힘을 빌리게 되는 일이 얼마나 많고 또 중요한지를 말이지요. 학교 공부나 논술 시험이 그렇고 일상의 메모와 마음을 전하는 카드 한 장이 그렇습니다.

무엇보다 아직 아이일 때 반듯한 글씨는 더욱 큰 힘을 발휘합니다.

## 글씨 잘 쓰는 아이가 공부도 잘합니다

잘 쓰고 못 쓰는 글씨의 차이는 눈에 보이는 게 전부가 아닙니다.

국내의 어느 심리연구소에서 글씨 잘 쓰는 아이와 못 쓰는 아이의 학습 능력에 관해 조사한 적이 있습니다. 그 결과 글씨 쓰기는 학습 능력뿐 아니라 집중력, 참을성과도 밀접한 관

계가 있는 것으로 드러났습니다.

한 글자 한 글자에 정성을 들여 쓸 때 마음속으로 그 단어를 되새기게 됩니다. 읽기와 말하기에서 표현력을 높이는 데 도움이 되고, 선을 반듯하게 그으면서 집중력과 미적 감각이 길러지기도 하지요. 이렇듯 반듯한 글씨 쓰기에는 아이 안에 숨은 능력을 이끌어 내는 놀라운 힘이 있습니다.

## 어떻게 하면 글씨를 잘 쓰게 될까요?

그런데 평소 악필인 아이나 어른이 무작정 많이 써 본다고 해서 글씨가 갑자기 좋아지는 일은 없습니다. 좋은 모양의 글씨와 올바른 연습 요령에 대한 이해가 먼저여야 합니다. 글씨를 잘 쓰기 위한 연습의 핵심은 두 가지입니다.

**1. 선을 반듯하게 그을 수 있으면 글씨가 눈에 띄게 좋아진다.**
**2. 글자 모양을 의식하며 큰 글씨로 정성껏 쓴다.**

글씨는 손으로만 쓰는 게 아닙니다. 머릿속 글자 이미지를 종이에 옮기는 것이기도 하지요. 하루에 10분을 연습하더라도 좋은 글자 모양을 의식하며 써야 하는 이유입니다.

또한 선이 반듯해지려면 노트 글씨보다 2~3배 큰 글씨로, 천천히 쓰는 연습을 거듭해야 합니다. 연필을 가볍게 쥐는 법도 차츰 익혀야 하며, 초등학생은 4B 혹은 2B 연필로 연습하고 틈틈이 그림 그리기를 하는 게 효과적입니다.

글씨 쓰기는 국어 교육의 기초이자 모든 공부의 시작입니다. 아이와 평생을 함께할 또 하나의 '얼굴'이기도 하지요. 아이의 손에 그 선물을 쥐여 주세요!

이해수

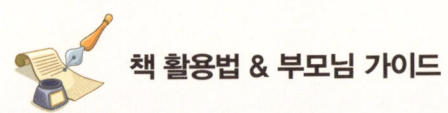 **책 활용법 & 부모님 가이드**

### 1단원  글씨를 잘 쓰는 요령 — 부모님도 함께 보세요!

글씨가 좋아지는 요령, 연필 고르기, 바른 자세 등 글씨 연습의 기본을 익힙니다. 4B 연필이나 삼각연필, 색연필을 준비해 주는 외에 부모님이 꼭 함께 읽고 내용을 이해하셔야 아이의 글씨 연습에 도움을 줄 수 있습니다.

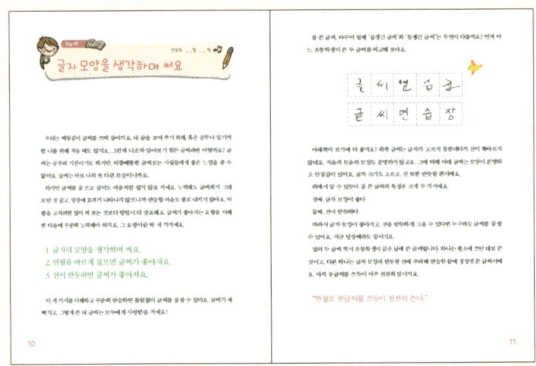

하루에 1과정씩 연습합니다.

그림 그리기는 평소에 틈틈이 연습합니다.

### 2단원  글자 모양을 바로잡는 큰 글씨 연습장
— 글자 모양을 의식하며 붓글씨를 쓰듯이 정성껏 써요!

글자 모양을 손과 눈(두뇌)으로 익히는 동시에, 반듯한 선을 연습하는 단계입니다. 단정체를 노트 필기보다 2~3배 큰 글씨로 천천히 쓰는 게 포인트입니다.

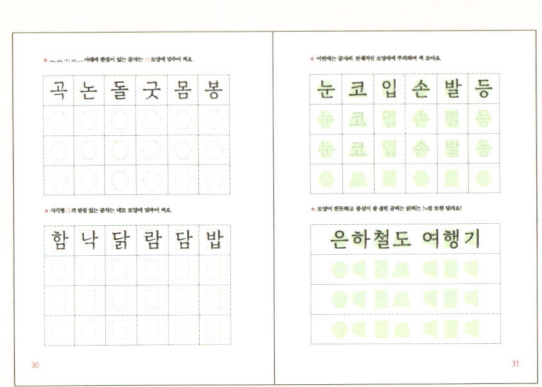

단정체 큰 글씨 연습

4B 연필, 삼각연필, 색연필 등으로 연습

## 3단원 글씨체가 좋아지는 정자체 연습장
— 바른 글씨체를 내 것으로 만드는 과정입니다.

선이 반듯하고 모양이 좋은 글씨를 내 것으로 만드는 정자체 과정입니다. 이 단원의 단어와 문장은 모두 아이의 공부와 인성에 조금이라도 보탬이 되게끔 구성했습니다. 틀리기 쉬운 맞춤법이나 받아쓰기, 좋은 글 등으로 연습합니다.

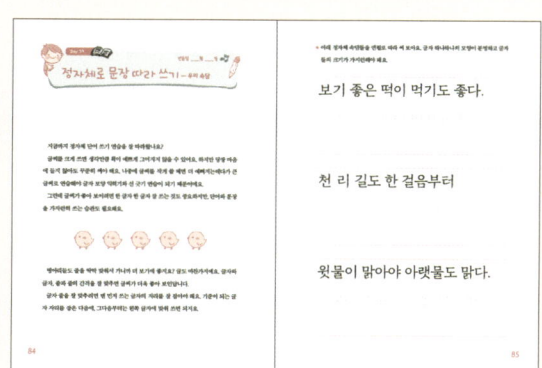

**정자체 단어와 문장 쓰기 연습**

**4B, 2B, B 연필 등으로 연습**

## 4단원 생활 속 글씨 연습으로 예쁜 글씨와 친해지기
— 메모지, 노트 필기, 일과표 등 상황에 맞는 글씨를 연습합니다.

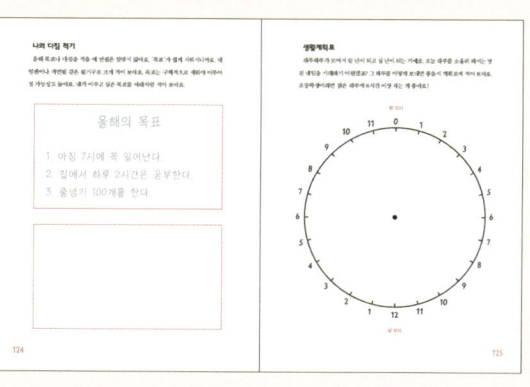

**예쁜 글씨와 친해지기**

**색연필, 연필, 사인펜 등 마음에 드는 필기구**

한두 달 사이에 훨씬 좋아진 글씨는 그 자체로 좋은 공부 연습이 됩니다. 하지만 의욕이 없거나 마음이 안정되지 않으면 글씨도 늘지 않지요. 글씨 교정에서 아이에게 가장 중요한 것은 예쁜 글씨에 대한 동기 부여와 부모님의 칭찬입니다!

 차례

- **머리말** | 반듯한 글씨는 평생의 선물입니다 · 2
- **책 활용법 & 부모님 가이드** · 4

### 1단원 글씨를 잘 쓰는 방법은 따로 있어요

- day 01 글자 모양을 생각하며 써요 · 10
- day 02 연필을 바르게 잡으면 글씨가 좋아져요 · 14
  글씨 연습에 좋은 연필 고르기
- day 03 선이 반듯하면 글씨가 좋아져요 · 18
  기본 선 긋기 연습 | 글자 모양 바로잡기 요령
- day 04 글씨가 좋아지는 예쁜 그림 그리기 · 22

### 2단원 글자 모양을 바로잡는 큰 글씨 연습장

- day 05 한글의 네 가지 글꼴 연습 · 28
- day 06 글자 획 순서에 맞게 쓰기 · 32
- day 07 큰 글씨로 가로 모음 연습 · 36
- day 08 큰 글씨로 세로 모음 연습 · 40
- day 09 글자 모양을 생각하며 쓰기 1 — 꽃 이름과 꽃말 · 44
- day 10 글자 모양을 생각하며 쓰기 2 — 열두 동물과 별자리 · 48
- day 11 가로 틀에 맞추어 쓰기 1 — 〈엄마야 누나야〉 · 52
- day 12 가로 틀에 맞추어 쓰기 2 — 〈어린 왕자〉 · 56
- day 13 단정체 단어 연습 — 반가운 말 · 59
- ★ **쉬어가기** 예쁜 글씨로 낱말 퍼즐 1 — 역사 상식 · 62

## 3단원 글씨체가 좋아지는 정자체 연습장

**day 14** 정자체로 단어 따라 쓰기 — 틀리기 쉬운 맞춤법 1 · 66

**day 15** 정자체 단어 연습 1 — 틀리기 쉬운 맞춤법 2 · 70

**day 16** 정자체 단어 연습 2 — 틀리기 쉬운 받아쓰기 · 73

**day 17** 정자체 단어 연습 3 — 다양한 직업 · 76

**day 18** 정자체 단어 연습 4 — 나의 가치를 높이는 말 · 79

★ **쉬어가기** 예쁜 글씨로 낱말 퍼즐 2 — 일반 상식 · 82

**day 19** 정자체로 문장 따라 쓰기 — 우리 속담 · 84

**day 20** 정자체 문장 연습 1 — 서양 속담 · 88

**day 21** 정자체 문장 연습 2 — 위인의 명언 · 91

**day 22** 정자체 문장 연습 3 — 〈오즈의 마법사〉 · 94

**day 23** 정자체 문장 연습 4 — 〈빨강머리 앤〉 · 98

**day 24** 동시 따라 쓰기 — 〈형제별〉과 〈창구멍〉 · 102

**day 25** 문장 따라 쓰기 — 〈안네의 일기〉와 〈탈무드〉 · 106

**day 26** 숫자와 영어 알파벳 연습 · 110

★ **쉬어가기** 예쁜 글씨로 끝말잇기 · 113

## 4단원 생활 속 예쁜 글씨 연습장

**day 27** 손글씨 예쁘게 쓰기 · 116

**day 28** 자주 쓰는 손글씨 연습 · 122

**day 29** 노트 필기와 원고지 쓰기 · 126

**day 30** 마음을 전하는 글씨 쓰기 · 130

# 1단원
## 글씨를 잘 쓰는 방법은 따로 있어요

글씨 연습은 많이 써 보는 것보다 방법이 더욱 중요해요.
선을 반듯하게 그을 수 있고, 글자 모양을 바로잡는
요령을 알면 누구나 글씨를 잘 쓸 수 있답니다!
자, 예쁜 글씨를 위한 연습을 시작해 볼까요?

# 글자 모양을 생각하며 써요

연습일 ___월 ___일

우리는 매일같이 글씨를 쓰며 살아가요. 내 글을 보여 주기 위해, 혹은 공부나 일기처럼 나를 위해 적을 때도 많지요. 그런데 나조차 알아보기 힘든 글씨라면 어떨까요? 글씨는 공부의 기본이기도 하지만, 비뚤배뚤한 글씨로는 사람들에게 좋은 느낌을 줄 수 없어요. 글씨는 바로 나의 또 다른 모습이니까요.

하지만 글씨를 잘 쓰고 싶어도 마음처럼 쉽지 않을 거예요. 노력해도 글씨체가 그대로인 것 같고, 당장에 효과가 나타나지 않으니까 연습할 마음도 별로 내키지 않아요.

글씨를 고치려면 많이 써 보는 것보다 방법이 더 중요해요. 글씨가 좋아지는 요령을 이해한 다음에 꾸준히 노력해야 하지요. 그 요령이란 딱 세 가지예요.

1. 글자의 모양을 생각하며 써요.
2. 연필을 바르게 잡으면 글씨가 좋아져요.
3. 선이 반듯하면 글씨가 좋아져요.

이 세 가지를 이해하고 꾸준히 연습하면 틀림없이 글씨를 잘 쓸 수 있어요. 글씨가 예뻐지고, 내 글씨는 모두에게 사랑받을 거예요!

잘 쓴 글씨, 바꾸어 말해 '잘생긴 글씨'와 '못생긴 글씨'는 무엇이 다를까요?

먼저 어느 초등학생이 쓴 두 글씨를 비교해 보아요.

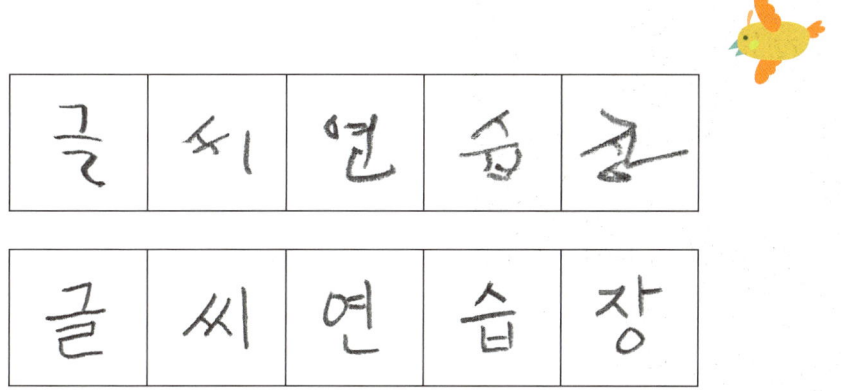

아래쪽이 보기에 더 좋지요? 위쪽 글씨는 글자가 고르지 못한 데다가 선이 똑바르지 않네요. 자음과 모음의 모양도 분명하지 않고요. 그에 비해 아래 글씨는 모양이 분명하고 안정감이 있어요. 글자 크기도 고르고, 선 또한 반듯한 편이에요.

위에서 알 수 있듯이 잘 쓴 글씨의 특징은 크게 두 가지예요.

첫째, 글자 모양이 좋다.

둘째, 선이 반듯하다.

따라서 글자 모양이 좋아지고, 선을 반듯하게 그을 수 있다면 누구라도 글씨를 잘 쓸 수 있어요. 지금 당장에라도 말이지요.

위의 두 글씨 역시 초등학생이 같은 날에 쓴 글씨랍니다. 하나는 평소에 쓰던 대로 쓴 것이고, 다른 하나는 글자 모양과 반듯한 선에 주의해 연습한 다음에 정성껏 쓴 글씨예요. 마치 붓글씨를 쓰듯이 아주 천천히 말이지요.

**"연필로 붓글씨를 쓰듯이 천천히 써요."**

글씨 연습에서는 이런 마음가짐이 가장 중요하답니다. 글자 모양이 좋아지고 선이 반듯해지려면 천천히 정성껏 쓰는 연습이 꼭 필요해요.

외국인치고는 한글을 잘 쓰지요?
아직 한글에 익숙하지 않고 붓글씨도 처음 써보는 것이겠지만, 정성을 들여 천천히 쓰면 글씨는 눈에 띄게 좋아져요.

ⓒ 연합뉴스

　붓글씨 쓰는 모습을 본 적이 있나요? 한 글자 한 글자를 크게, 정성껏 쓰는 것을 보았을 거예요. 붓글씨를 배우면 글씨가 좋아진다는 말은 바로 이 '정성' 때문이에요.

　그러면 우리도 한번 써 볼까요? 균형 있는 글자 모양을 생각하면서, 눈으로 연필심이 그리는 획을 따라가며 천천히 쓰면 돼요.

| 사 | 랑 | 믿 | 음 | 희 | 망 |
| 사 | 랑 | 믿 | 음 | 희 | 망 |

　천천히 정성을 들여 쓰니까 평소 글씨보다 훨씬 나아졌지요? 물론 좋은 글씨체로 바꾸기

위해서는 이 책을 다 쓸 때까지 꾸준히 노력해야 돼요.

글씨 연습은 처음에 큰 글씨로 연습하고 차츰 작은 글씨로 넘어가는 게 좋아요.

글씨는 손으로 쓰는 것이지만, 그 글자 모양은 머리로 기억하고 있지요? 올바른 글자 모양으로 쓰려면 일단 머릿속에 제대로 된 글자 모양이 있어야 해요. 큰 글씨로 연습하면 좋은 글자 모양이 더 잘 기억되고 손에도 익숙해져요. 글씨를 크게 쓰면서 반듯한 선 긋기 연습이 되기도 하고요.

자, 이번에는 좀 더 큰 글씨를 색연필이나 연필로 천천히 써 볼까요? 정성껏 그림을 그린다는 느낌이라도 좋아요. 글자도 그림도 모두 똑같은 선이니까요. 글자 모양과 균형에 주의하며 글자를 천천히 그려 보는 거예요.

| 연 | 필 | 의 | 꿈 |
| 연 | 필 | 의 | 꿈 |
|  |  |  |  |

잘 썼나요? 이것으로 글씨 연습 첫날이 끝나고, 이제 딱 29일 남았어요!

**Day 02**

# 연필을 바르게 잡으면 글씨가 좋아져요

연습일 ___월 ___일

　글자 획이 반듯해지고 힘을 덜 들여 쓰려면 연필을 잡는 방법이 중요해요. 젓가락질과 연필 잡는 법은 어려서 제대로 익히지 않으면 어른이 된 다음에는 바꾸기가 정말 어렵답니다. 그러면 연필을 어떻게 잡아야 할까요?

**1. 연필을 중지 위에 올려서, 엄지와 검지로 가볍게 잡아요.**
**2. 손바닥 옆 부분을 바닥에 고정한 채 손가락 힘으로 써요.**

　글씨는 손가락 힘으로 써야 해요. 엄지와 검지로 연필을 움직이고, 중지(가운뎃손가락)는 연필을 받치는 역할을 하지요. 연필을 너무 짧게 세워서 잡으면 손놀림이 둔해 글자 모양새가 좋지 않고 손가락도 쉽게 지치니까 주의해요.
　먼저 오른쪽 설명을 보고, 손바닥 옆을 바닥에 붙인 채 손가락 힘으로 연필을 가볍게 움직여서 아래 글씨를 써 보아요.

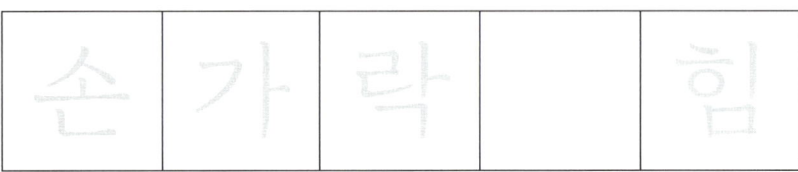

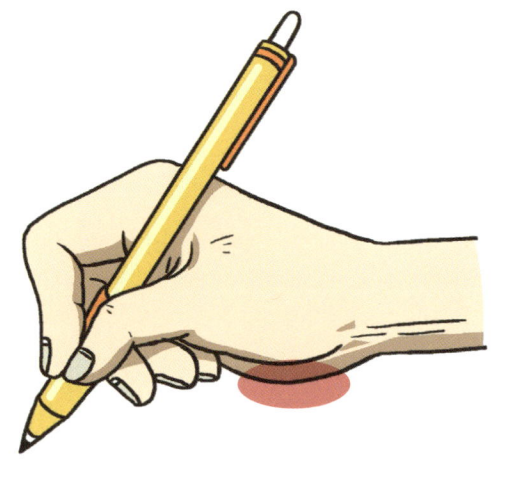

연필의 기울기는 65~70도, 연필 끝에서 2.5cm 정도 위를 잡아요. 연필을 너무 짧게 세워서 잡지 않도록 해요.
손바닥 옆을 바닥에 고정하고, 손가락을 움직여 글씨를 써요.

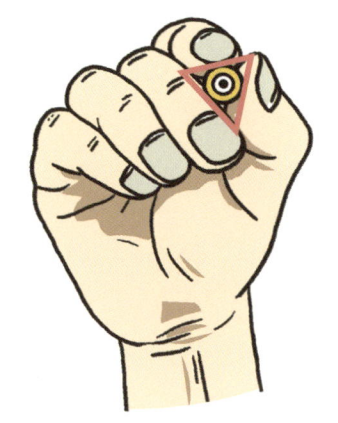

중지로 연필을 받치고, 엄지와 검지로 가볍게 잡아요. 밑에서 봤을 때 손가락 세 개가 삼각형(△) 모양이 나와야 해요.

### (X) 이렇게 잡으면 안 돼요!

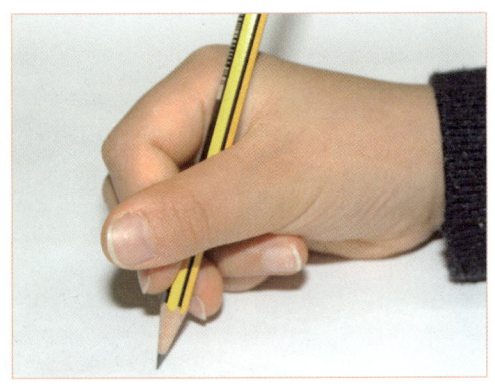

엄지로 연필을 너무 감싸거나, 엄지가 검지 안쪽으로 들어가면 연필을 제대로 움직이기 어려워요.

### ★ 바르게 잡았는지 확인하기

왼손 두 손가락(검지와 중지)이 오른손 엄지와 검지 사이로 두 번째 마디까지 들어가면 바르게 잡은 거예요.

## 글씨 연습에 좋은 연필 고르기

해리 포터에게 마법 지팡이가 중요하듯이, 글씨 연습에도 도구가 큰 영향을 미쳐요.

샤프펜슬은 심이 잘 부러지고, 볼펜은 미끄러워서 반듯한 획 긋기에 좋지 않아요. 그에 비해 연필은 심이 단단하고 선이 또박또박 잘 그어지니까 글씨 연습에 가장 좋다고 할 수 있어요. 글씨가 정말 엉망이라면 처음에는 색연필 연습이 좋고요.

연필은 심의 종류에 따라 아래처럼 나뉘어요. 왼쪽으로 갈수록 심이 부드러워서 글씨가 진해요. 반대로 H가 많이 붙을수록 심이 단단해서 가늘게 쓰이고요.

**4B 2B B HB H 2H 4H**

**글씨가 굵고 진하다 ←　　→ 글씨가 가늘고 연하다**

큰 글씨로 연습할 때는 4B 연필, 중간 크기 연습에는 2B 연필이 좋아요. 노트 필기는 B 연필이나 HB 연필이 적당하고요. 연필을 바르게 잡는 데 도움이 되는 삼각연필(연필 몸통이 삼각형)과 보통 연필보다 두 배 정도 굵은 점보형 삼각연필, 색연필도 연습에 좋아요.

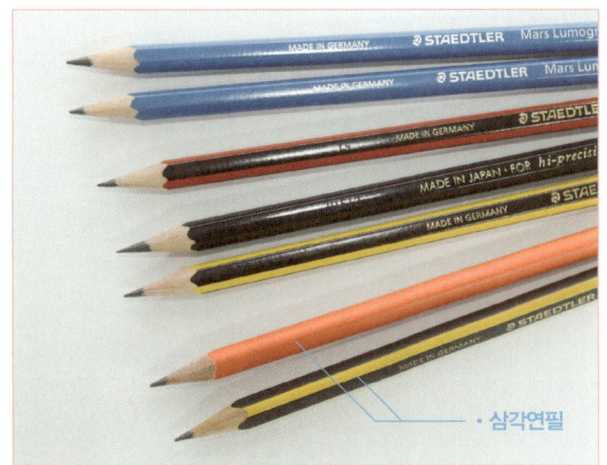
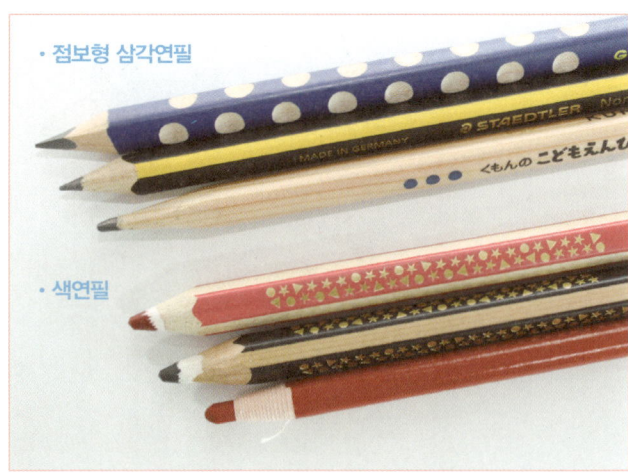

왼쪽 사진은 4B, 2B, HB 연필, 삼각연필이고(스테들러, 톰보우, 동아연필), 오른쪽은 점보형 삼각연필(리라 그루브, 스테들러, 구몬)과 색연필이에요. 내 마음에 드는 마법 지팡이를 골라 보아요.

**색연필 글씨입니다.** (스테들러)

4B 연필 글씨입니다. (스테들러)

2B 연필 글씨입니다. (더존연필)

HB 연필 글씨입니다. (리라 그루브)

큰 글씨 연습은 4B 연필,
중간 글씨 연습은 2B 연필이 좋아요.

　앞에서 예쁜 글씨는 '글자 모양이 좋고, 선이 반듯해야 한다'고 했지요? 글씨 연습에 진한 연필이 좋은 이유는 더 잘 써지고 글자 모양이 선명하기 때문이에요. 4B 연필이나 2B 연필, 색연필 중 하나로 한번 써 볼까요? 당장은 선이 조금 비뚤어져도 괜찮아요. 중요한 것은 천천히 바르게 쓰려는 습관이에요. 좋은 습관은 언제나 좋은 결과를 만드니까요!

| 좋 | 은 | 습 | 관 | 갖 | 기 |
|---|---|---|---|---|---|
| 좋 | 은 | 습 | 관 | 갖 | 기 |
| 좋 | 은 | 습 | 관 | 갖 | 기 |
|   |   |   |   |   |   |

이것으로 오늘 연습 끝! 벌써 이틀이나 지났네요.

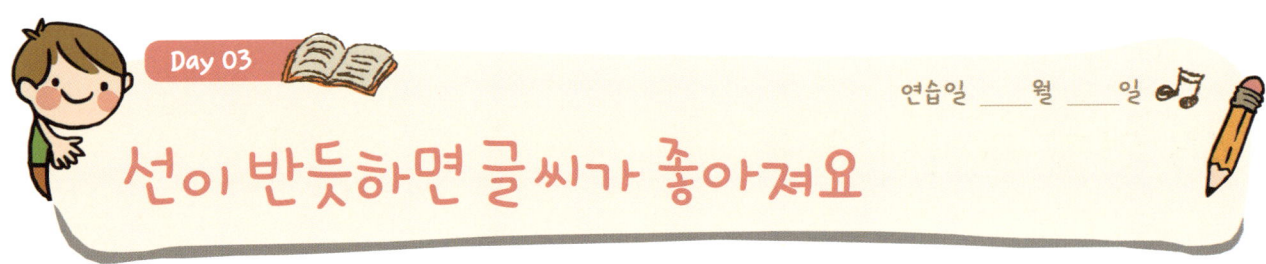

## 선이 반듯하면 글씨가 좋아져요

Day 03

연습일 ___월 ___일

선만 반듯하게 잘 그을 수 있어도 글씨는 몰라보게 달라져요. 그래서 평소에 그림을 자주 그려 보거나, 선 긋기 연습을 하면 글씨에 많은 도움이 돼요.

글씨 연습을 할 때는 허리를 바로 펴는 습관도 중요해요. 얼굴이 종이에 너무 가까우면 글자 모양을 제대로 익히기 어렵고, 글씨도 비뚤어지기 때문이에요. 왼손을 오른손 위쪽에 두는 것도 좋지 않아요. 손이 앞으로 나가면 허리가 굽어지니까요!

허리를 곧게 펴요.
눈이 종이와 너무 가까우면 안 돼요.

오른 팔꿈치를 책상에 올리지 말아요.
왼손은 오른손보다 아래쪽에 놓아요.

## 기본 선 긋기 연습

한글의 선 모양은 모두 네 가지예요. 가로선, 세로선, 빗금, 둥근 선이지요. 본격적인 글씨 연습 전에 다양한 모양의 선과 도형을 그려 보아요.(4B 연필)

## 글자 모양 바로잡기 요령

글씨를 잘 못 쓰는 사람들에게는 몇 가지 특징이 있어요. 내 글씨에는 과연 그런 습관이 없는지 한번 생각해 보아요.

1. 자음과 모음의 모양이 분명하지 않아요.

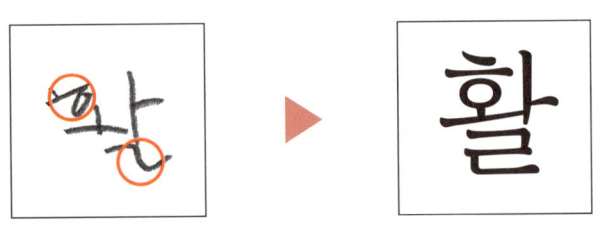

각각의 자음과 모음, 특히 받침 모양이 분명하도록 천천히 써야 해요.

2. 획이 꺾이는 부분이 둥글어요.

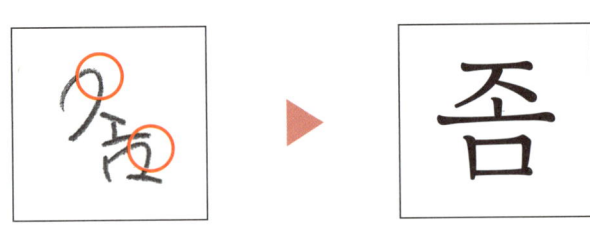

글씨를 날려 써서 획이 둥글어졌네요. 획이 꺾이는 부분은 한 박자 쉰 다음에 연필 방향을 분명하게 꺾어요.

3. 세로선이 비뚤어지거나, 가로선이 평행이 아니에요.

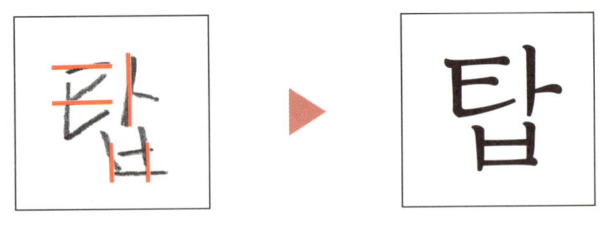

한 글자 안의 가로선은 평행이 되게끔 주의해서 써요. 그리고 세로선은 기울이지 않고 똑바로 세워요.

4. 획과 획의 연결이 깔끔하지 않아요.

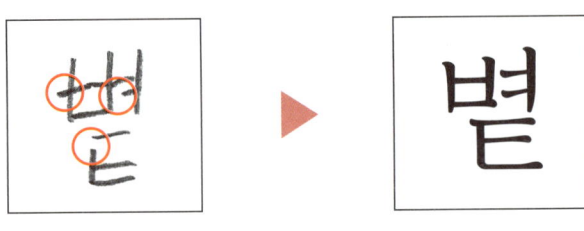

획의 처음 시작과 끝, 획과 획이 만나는 부분을 깔끔하게 이어요.

그러면 실제로 연습해 볼까요? 글자 모양이 분명하도록 천천히 쓰고, 획이 꺾이는 부분에서는 연필을 한 박자 쉰 다음에 분명하게 꺾도록 해요.

아래 글씨를 4B 연필로 천천히, 그리듯이 써 보아요. (색연필도 괜찮아요.)

가로 한 줄을 다 쓴 다음에는 왼쪽 페이지의 방법대로 쓰였는지를 확인해요. 평소에 글씨를 쓸 때도 왼쪽의 네 가지 주의사항을 잊지 않도록 하고요. 아래 빈칸을 전부 채우면 오늘의 글씨 연습 끝!

| 활 | 좀 | 탑 | 별 | 밝 |
|---|---|---|---|---|
| 활 | 좀 | 탑 | 별 | 밝 |
| 활 | 좀 | 탑 | 별 | 밝 |
|   |   |   |   |   |
|   |   |   |   |   |

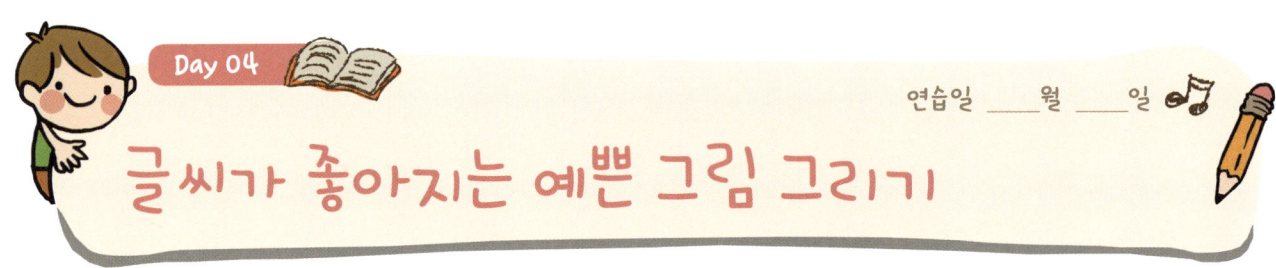

글씨와 마찬가지로 그림을 잘 그리려면 선 연습을 많이 하고, 생각하는 모양을 잘 나타낼 수 있어야 해요. 틈틈이 그리기 연습을 하면 글씨에 도움이 돼요. 게다가 그림은 그리는 재미도 있잖아요! 먼저 아기 곰(판다)을 아래처럼 그려 보아요.

4B 연필이나 색연필로 흐린 그림 위에 그려 보아요. 그림에 색칠을 하면 더욱 보기에 좋겠죠? 그림은 특징을 살려서 작고 단순하게 그리는 게 예쁘답니다.

연필 대신 색연필이나 사인펜으로 더욱 멋지게 그릴 수도 있어요! 그리고 색칠을 할 때는 포인트가 되는 한두 가지 색만 칠하는 게 더 귀여워요.

## 2단원

# 글자 모양을 바로잡는 큰 글씨 연습장

이제 본격적으로 글씨 연습을 시작할 거예요.
글자 모양을 바로잡고, 선을 반듯하게 해 주는 과정이지요.
글씨체는 한번 제대로 익혀 두면 평생의 큰 선물이 된답니다.
글씨는 그 사람의 또 다른 얼굴이니까요!

Day 05

# 한글의 네 가지 글꼴 연습

연습일 ___월 ___일

글씨 연습에서는 무엇보다 각각의 글자 모양이 비뚤어지지 않아야 해요. 또한 자음과 모음의 균형이 잘 맞아야 보기에도 좋아요.

한글에는 참 많은 글자가 있지요? 그러면 이 많은 글자들의 모양을 모두 연습해야 할까요? 아니에요. 한글 글자는 크게 네 가지 모양으로 나눌 수 있어요. 어떤 글자든 그 모양에 맞추어 쓰면 글씨가 반듯해 보이는 거예요.

오른쪽 연습장의 분홍색 부분에 글자가 꽉 차도록 써 보아요. 4B 연필로 써도 좋고 색연필로 써도 괜찮아요.

- **사**: ◁ 모양. 세로획을 아래로 반듯하게 그어야 해요.
- **소**: △ 모양. 가로획을 약간 길게 긋는 게 보기에 좋아요.
- **솔**: ⬡ 모양. 글자 아래위의 균형을 생각하며 써요.
- **닭**: □ 모양. 글자의 전체적인 모양새에 주의해요.

★ 받침 없이 ㅏ, ㅑ, ㅓ, ㅕ, ㅣ 와 합쳐진 글자는 ▱ 모양에 맞추어 써요.

★ 받침 없이 ㅗ, ㅛ, ㅜ, ㅠ, ㅡ 와 합쳐진 글자는 ▵ 모양에 맞추어 써요.

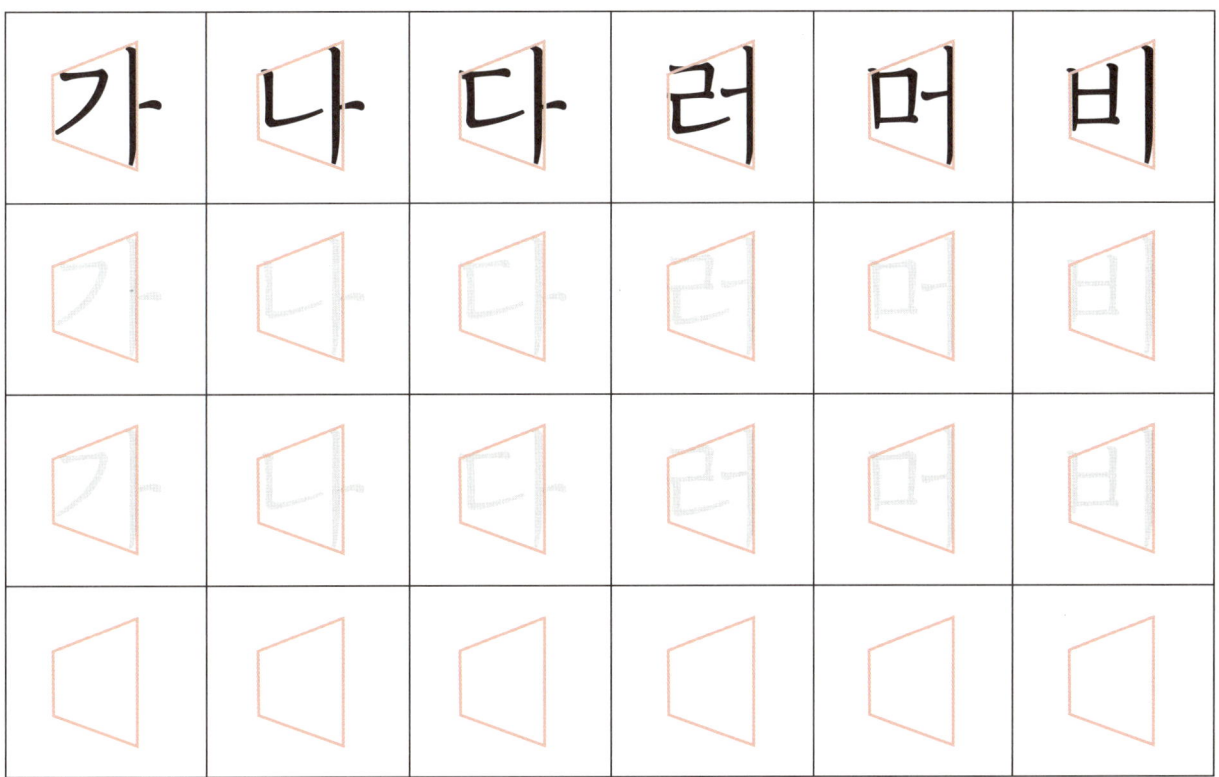

★ ㅗ, ㅛ, ㅜ, ㅠ, ㅡ 아래에 받침이 있는 글자는 ◯ 모양에 맞추어 써요.

| 곡 | 논 | 돌 | 굿 | 몸 | 봉 |
|---|---|---|---|---|---|
| 곡 | 논 | 돌 | 굿 | 몸 | 봉 |
| 곡 | 논 | 돌 | 굿 | 몸 | 봉 |
| | | | | | |

★ 사각형(□)의 받침 있는 글자는 네모 모양에 맞추어 써요.

| 함 | 낙 | 닭 | 람 | 담 | 밥 |
|---|---|---|---|---|---|
| 함 | 낙 | 닭 | 람 | 담 | 밥 |
| 함 | 낙 | 닭 | 람 | 담 | 밥 |
| | | | | | |

★ 이번에는 글자의 전체적인 모양새에 주의하며 써 보아요.

| 눈 | 코 | 입 | 손 | 발 | 등 |
|---|---|---|---|---|---|
| 눈 | 코 | 입 | 손 | 발 | 등 |
| 눈 | 코 | 입 | 손 | 발 | 등 |
|   |   |   |   |   |   |

★ 모양이 반듯하고 중심이 잘 잡힌 글씨는 읽히는 느낌 또한 달라요!

은하철도 여행기

# 글자 획 순서에 맞게 쓰기

글자에는 쓰는 순서가 있어요. 한글이나 한자, 영어, 일본어도 모두 마찬가지예요. 본인이 편한 대로 쓰면 될 텐데, 왜 굳이 획 순서를 정했을까요? 그것은 글자를 쉽고, 빠르고, 보기 좋게 쓰는 데 도움이 되기 때문이에요.

예를 들어 ㅁ을 쓸 때 3획으로 쓰지 않고, 선마다 획을 달리해 4획으로 써 보아요. 3획일 때보다 글씨 속도가 느리고 보기에도 좋지 않을 거예요. 마찬가지로 ㅂ을 2획으로 쓰면 속도는 빨라지지만, 4획으로 써야 더욱 예쁘지요.

글자를 쓰는 순서를 획순이라고 해요. 획순은 아래처럼 몇 가지 원칙이 있어서 한 번만 제대로 익혀 두면 평생 동안 안 잊힌답니다!

1. 위에서 아래로    2. 왼쪽에서 오른쪽으로    3. 가로에서 세로로

★ 획순에 맞게 썼을 때 가장 편하고 보기에도 좋아요. 자음 14개부터 볼까요?

※ ㅈ, ㅊ은 글씨체에 따라 ㅈ을 2획이나 3획으로 써도 돼요.

★ 이번에는 모음 10개를 획 순서에 맞게 써 보아요.

★ 모음과 모음이 합쳐진, 나머지 모음 11개를 모두 써 보아요.

| ㅐ | | | ㅙ | | | |
|---|---|---|---|---|---|---|
| ㅒ | | | ㅚ | | | |
| ㅔ | | | ㅝ | | | |
| ㅖ | | | ㅖ | | | |
| ㅘ | | | ㅟ | | | |
| | | | ㅢ | | | |

영어 알파벳 대문자 E와 H는 한글 ㅌ, ㅐ와 글자 모양이 비슷하지요. 그런데 쓰는 순서는 한글과 다르답니다. 아마 영어는 그렇게 쓰는 게 더 쉽고, 보기에도 좋은가 봐요. 어느 쪽이 더 쓰기에 편한지 한번 써 볼까요?

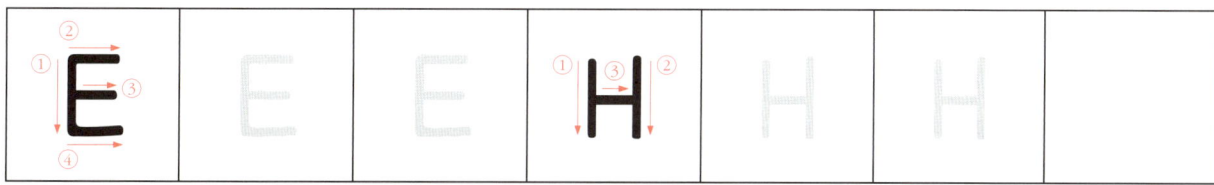

## Day 07 큰 글씨로 가로 모음 연습

연습일 ___월 ___일

이제 본격적으로 본보기 글씨를 따라 연습할 차례예요.

선 긋기 연습과 글자 모양을 익히는 데는 큰 글씨가 좋아요. 그래서 이 책의 본보기 글씨는 평소의 노트 글씨보다 훨씬 크게 쓰도록 되어 있어요. 연필은 4B 연필이나 삼각연필이 좋은데, 글씨가 아주 서툴다면 색연필도 괜찮아요. 몇 가지 연필을 하나씩 써 보며 그중에 잘 써지고 마음에 드는 것을 고르면 돼요.

우리 속담에 '공든 탑이 무너지랴'는 말이 있지요? 정성을 다하면 그 결과가 헛되지 않을 거라는 뜻이에요. 글씨 연습도 마찬가지예요. 목표를 잊지 않고 꾸준히 노력하면 누구나 글씨를 잘 쓸 수 있어요!

### 글씨를 잘 쓰려면…

큰 글씨로
정성껏 쓴다.

선이 반듯하다.
글자 모양이 좋다.

4B 연필, 삼각연필
색연필로 연습

## 받침이 없는 가로 모음 연습

★ 가로 모음 ㅗ, ㅛ, ㅜ, ㅠ, ㅡ의 연습이에요

★ 반듯한 선과 좋은 모양에 주의하며 천천히 써요. (연필이나 색연필)

| 오 | 교 | 구 | 류 | 소 | 묘 |
|---|---|---|---|---|---|
| 오 | 교 | 구 | 류 | 소 | 묘 |
| 오 | 교 | 구 | 류 | 소 | 묘 |
|   |   |   |   |   |   |

| 그 | 조 | 부 | 표 | 토 | 요 |
|---|---|---|---|---|---|
| 그 | 조 | 부 | 표 | 토 | 요 |
| 그 | 조 | 부 | 표 | 토 | 요 |
|   |   |   |   |   |   |

## 받침이 있는 가로 모음 연습

★ 가로 모음을 조금 더 길게 긋는 게 보기에 좋아요.

★ 아래위 자음의 크기가 서로 비슷해지도록 써요.

| 곰 | 늦 | 둥 | 숨 | 곳 | 을 |
|---|---|---|---|---|---|
| 곰 | 늦 | 둥 | 숨 | 곳 | 을 |
| 곰 | 늦 | 둥 | 숨 | 곳 | 을 |
|   |   |   |   |   |   |

| 글 | 좁 | 콩 | 축 | 숲 | 용 |
|---|---|---|---|---|---|
| 글 | 좁 | 콩 | 축 | 숲 | 용 |
| 글 | 좁 | 콩 | 축 | 숲 | 용 |
|   |   |   |   |   |   |

## 모음과 모음이 합쳐진 글자 연습

★ 모음 ㅐ, ㅒ, ㅔ, ㅖ, ㅘ, ㅙ, ㅚ, ㅝ, ㅞ, ㅟ, ㅢ의 연습이에요.

★ 받침이 있는 글자와 없는 글자의 전체 크기가 비슷해지도록 써요.

| 애 | 네 | 과 | 왜 | 쉬 | 희 |
|---|---|---|---|---|---|
| 애 | 네 | 과 | 왜 | 쉬 | 희 |
| 애 | 네 | 과 | 왜 | 쉬 | 희 |
|   |   |   |   |   |   |

| 광 | 월 | 쥔 | 봤 | 엠 | 옛 |
|---|---|---|---|---|---|
| 광 | 월 | 쥔 | 봤 | 엠 | 옛 |
| 광 | 월 | 쥔 | 봤 | 엠 | 옛 |
|   |   |   |   |   |   |

## 큰 글씨로 세로 모음 연습

연습일 ___월 ___일

세로 모음은 무엇보다 곧아야 해요. 선이 곧지 않으면 글자뿐 아니라 문장 전체가 어지러워 보이기 때문이에요. 세로선이 반듯하기만 해도 글씨는 많이 좋아질 거예요.

그러면 어떻게 연습해야 세로선이 반듯해질까요?

연필을 바르게 쥐고 손목을 고정한 상태에서 검지(집게손가락)의 힘으로 아래로 똑바로 그어야 하는데, 실제로는 이런 요령보다 큰 글씨로 천천히 쓰는 연습을 꾸준히 하는 게 더 중요해요. 선 긋기 연습이나 그림을 자주 그려 보는 것도 도움이 되고요.

그런 이유로 선 긋기로 손을 푼 다음에 세로 모음 연습을 해 보아요.

**받침이 없는 세로 모음 연습**

★ 세로 모음 ㅏ, ㅑ, ㅓ, ㅕ, ㅣ 의 연습입니다.

★ 세로 모음 글자는 왼쪽 자음이 너무 커지지 않도록 쓰는 게 보기 좋아요.

| 아 | 러 | 비 | 여 | 피 | 허 |
|---|---|---|---|---|---|
| 아 | 러 | 비 | 여 | 피 | 허 |
| 아 | 러 | 비 | 여 | 피 | 허 |
|   |   |   |   |   |   |

| 사 | 며 | 져 | 치 | 카 | 벼 |
|---|---|---|---|---|---|
| 사 | 며 | 져 | 치 | 카 | 벼 |
| 사 | 며 | 져 | 치 | 카 | 벼 |
|   |   |   |   |   |   |

## 받침이 있는 세로 모음 연습

★ 받침이 있는 글자는 세로 모음이 자음 자리를 쳐들어가지 않도록 해요.

★ ㅅ, ㅈ은 획을 분명하게 그어야 글자가 헷갈리지 않아요.

| 감 | 양 | 달 | 벽 | 식 | 장 |
|---|---|---|---|---|---|
| 감 | 양 | 달 | 벽 | 식 | 장 |
| 감 | 양 | 달 | 벽 | 식 | 장 |
|   |   |   |   |   |   |

| 경 | 날 | 섬 | 청 | 컵 | 현 |
|---|---|---|---|---|---|
| 경 | 날 | 섬 | 청 | 컵 | 현 |
| 경 | 날 | 섬 | 청 | 컵 | 현 |
|   |   |   |   |   |   |

## 쌍자음과 겹받침 연습

★ 쌍자음 ㄲ, ㄸ, ㅃ, ㅆ, ㅉ과 겹받침 ㄵ, ㄹ 등은 자음 하나의 크기로 써요.

★ 자음은 초성(글자 처음)과 종성(받침)일 때 모양이 조금 달라져요.

| 꿈 | 땅 | 싹 | 짜 | 였 | 꺾 |
|---|---|---|---|---|---|
| 꿈 | 땅 | 싹 | 짜 | 였 | 꺾 |
| 꿈 | 땅 | 싹 | 짜 | 였 | 꺾 |
|   |   |   |   |   |   |

| 앉 | 못 | 읽 | 넓 | 값 | 끓 |
|---|---|---|---|---|---|
| 앉 | 못 | 읽 | 넓 | 값 | 끓 |
| 앉 | 못 | 읽 | 넓 | 값 | 끓 |
|   |   |   |   |   |   |

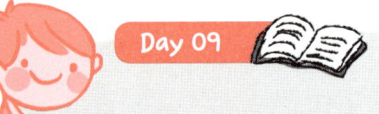

## 글자 모양을 생각하며 쓰기 1

한글은 자음과 모음으로 이루어지지요? 따라서 글자가 보기 좋으려면 자음과 모음을 제대로 된 모양으로 써야 해요. 자음과 모음의 크기 비율도 알맞아야 하지요. 자음이나 모음 어느 하나가 너무 작거나 크면 어색해 보일 거예요.

반듯한 글자 모양을 생각하며 꽃 이름을 천천히 써 보아요. 꽃들은 저마다 상징적인 의미를 갖고 있는데, 그것을 꽃말이라고 해요. 글씨를 쓰기 전에 주변에 흔히 보이는 꽃들이 어떤 꽃말을 갖고 있는지 알아볼까요?

**국화** – 고귀함, 진실

**목련** – 숭고한 정신, 우애

**나팔꽃** – 기쁨

**메밀꽃** – 연인

**빨간 장미** – 뜨거운 사랑

**팬지** – 사랑의 추억

**진달래** – 사랑의 기쁨

**백합** – 순수함

**무궁화** – 일편단심, 영원

**분홍 장미** – 사랑의 맹세

## 꽃 이름 쓰기

★ 분홍색 부분에 맞게 글자 모양을 생각하면서 써 보아요.

| 국 | 화 | 팬 | 지 | 목 | 련 |
|---|---|---|---|---|---|
| 국 | 화 | 팬 | 지 | 목 | 련 |
| 국 | 화 | 팬 | 지 | 목 | 련 |
|   |   |   |   |   |   |

| 진 | 달 | 래 | 나 | 팔 | 꽃 |
|---|---|---|---|---|---|
| 진 | 달 | 래 | 나 | 팔 | 꽃 |
| 진 | 달 | 래 | 나 | 팔 | 꽃 |
|   |   |   |   |   |   |

★ 빨리 쓰기보다는 글자 모양과 반듯한 선이 우선이에요.

★ ㅁ, ㅂ은 선이 분명하게 연결되어야 보기에 좋아요.

| 백 | 합 | 장 | 미 | 메 | 밀 |
|---|---|---|---|---|---|
| 백 | 합 | 장 | 미 | 메 | 밀 |
| 백 | 합 | 장 | 미 | 메 | 밀 |
|   |   |   |   |   |   |

| 철 | 쭉 | 달 | 맞 | 이 | 꽃 |
|---|---|---|---|---|---|
| 철 | 쭉 | 달 | 맞 | 이 | 꽃 |
| 철 | 쭉 | 달 | 맞 | 이 | 꽃 |
|   |   |   |   |   |   |

★ 반듯한 선에 주의하며 처음부터 끝까지 힘을 똑같이 줘요.

★ 획이 꺾이는 부분은 한 박자를 멈춘 다음에 연필 방향을 바꿔요.

| 무 | 궁 | 화 | 물 | 망 | 초 |
|---|---|---|---|---|---|
| 무 | 궁 | 화 | 물 | 망 | 초 |
| 무 | 궁 | 화 | 물 | 망 | 초 |
|   |   |   |   |   |   |

| 데 | 이 | 지 | 채 | 송 | 화 |
|---|---|---|---|---|---|
| 데 | 이 | 지 | 채 | 송 | 화 |
| 데 | 이 | 지 | 채 | 송 | 화 |
|   |   |   |   |   |   |

## 글자 모양을 생각하며 쓰기 2

정성껏 쓰는 것만으로도 글씨는 예전과 많이 다를 거예요. 아직 성에 차지 않을 수 있지만, 글씨는 '나도 모르게 어느새' 좋아지는 거랍니다. 여기서는 쥐, 소, 호랑이 같은 열두 띠 동물과 별자리 이름으로 연습해요. 나의 띠와 별자리가 무엇인지도 알아보고요.

**물병자리** : 1월 20일~2월 18일

**물고기자리** : 2월 19일~3월 20일

**양자리** : 3월 21일~4월 19일

**황소자리** : 4월 20일~5월 20일

**쌍둥이자리** : 5월 21일~6월 21일

**게자리** : 6월 22일~7월 22일

**사자자리** : 7월 23일~8월 22일

**처녀자리** : 8월 23일~9월 23일

**천칭자리** : 9월 24일~10월 22일

**전갈자리** : 10월 23일~11월 22일

**사수자리** : 11월 23일~12월 24일

**염소자리** : 12월 25일~1월 19일

| 쥐 | 소 | 호 | 랑 | 이 | 토 |
|---|---|---|---|---|---|
| 쥐 | 소 | 호 | 랑 | 이 | 토 |
| 쥐 | 소 | 호 | 랑 | 이 | 토 |
|   |   |   |   |   |   |

## 열두 띠 동물 쓰기

★ 바른 글자 모양을 생각하며 열두 띠 동물 이름을 써 보아요.

| 끼 | 용 | 뱀 | 말 | 양 | 원 |
|---|---|---|---|---|---|
| 끼 | 용 | 뱀 | 말 | 양 | 원 |
| 끼 | 용 | 뱀 | 말 | 양 | 원 |
|   |   |   |   |   |   |

| 숭 | 이 | 닭 | 개 | 돼 | 지 |
|---|---|---|---|---|---|
| 숭 | 이 | 닭 | 개 | 돼 | 지 |
| 숭 | 이 | 닭 | 개 | 돼 | 지 |
|   |   |   |   |   |   |

## 별자리 이름 쓰기

★ 이번에는 별자리 이름 쓰기 연습이에요.

| 물 | 병 | 사 | 자 | 천 | 칭 |
|---|---|---|---|---|---|
| 물 | 병 | 사 | 자 | 천 | 칭 |
| 물 | 병 | 사 | 자 | 천 | 칭 |
|   |   |   |   |   |   |

| 물 | 고 | 기 | 양 | 황 | 소 |
|---|---|---|---|---|---|
| 물 | 고 | 기 | 양 | 황 | 소 |
| 물 | 고 | 기 | 양 | 황 | 소 |
|   |   |   |   |   |   |

★ 빨리 쓰기보다는 글자 모양과 반듯한 선이 우선이에요.

★ 획이 꺾이는 부분은 한 박자를 멈춘 다음에 연필 방향을 바꿔요.

| 쌍 | 둥 | 이 | 게 | 처 | 녀 |
|---|---|---|---|---|---|
| 쌍 | 둥 | 이 | 게 | 처 | 녀 |
| 쌍 | 둥 | 이 | 게 | 처 | 녀 |
|  |  |  |  |  |  |

| 전 | 갈 | 사 | 수 | 염 | 소 |
|---|---|---|---|---|---|
| 전 | 갈 | 사 | 수 | 염 | 소 |
| 전 | 갈 | 사 | 수 | 염 | 소 |
|  |  |  |  |  |  |

Day 11 가로 틀에 맞추어 쓰기 1

연습일 ___월 ___일

글씨가 예쁘지 않은 사람들을 보면 선과 글자 모양이 나쁜 외에 또 한 가지 특징이 있어요. 글씨 줄이 잘 맞지 않는다는 거예요. 글자들이 아래위로 춤을 추거나 크기가 들쑥날쑥하지요. 단어나 문장을 쓸 때 줄만 잘 맞춰도 글씨는 더욱 좋아 보인답니다. 글자 하나하나를 잘 못 쓰더라도 말이지요.

노트에 네모 칸이나 밑줄이 있으면 거기에 맞춰 쓰면 돼요. 만약 아무 줄도 없다면요? 글자들의 키 높이를 맞춘다는 생각으로 쓰면 되지요!

각각의 글자 크기와 키 높이가 비슷하도록 써요.

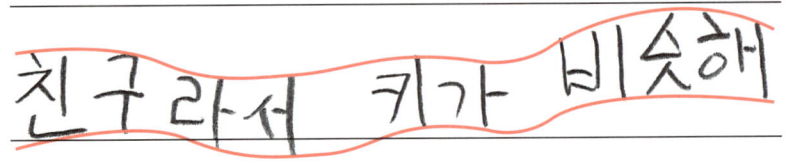

글씨 아랫부분을 밑줄에 맞춰서 써요.

★ 김소월 님의 시를 줄에 맞춰 써 보아요. 글자 간격을 너무 띄우지 않는 게 보기에 좋아요. 반듯한 글자 모양을 생각하며 4B 혹은 2B 연필로 쓰면 돼요.

(엄마야 누나야)

엄마야 누나야 강변 살자

뜰에는 반짝이는 금모래 빛

뒷문 밖에는 갈잎의 노래

★ 김영랑 님의 시도 줄에 맞춰 써 보아요. 글자 모양을 생각하며 획이 꺾이는 부분을 분명하게 꺾고, 받침이 없는 글자라도 크기를 고르게 써요.

(돌담에 속삭이는 햇발같이)

# 돌담에 속삭이는 햇발같이

# 풀 아래 웃음 짓는 샘물같이

# 내 마음 고요히 고운 봄길 위에

★ 아직 획이 반듯하지 않아도 걱정할 필요는 없어요. 뒤에서 정자체로 다시 연습할 테니까요. 일단 밑줄을 잘 맞추고, 글자 크기와 간격이 고르게 써 보아요.

## 오늘 하루 하늘을 우러르고 싶다

■ '새악시'는 새색시, 신부를 뜻하는 사투리예요.

## 새악시 볼에 떠오르는 부끄럼같이

## 시의 가슴 살포시 젖는 물결같이

Day 12

연습일 ___월 ___일

## 가로 틀에 맞추어 쓰기 2

네모 칸에 쓰는 경우가 아니라면 글자 간격과 반듯한 세로획에 더욱 주의해요.

기준선이 없기 때문에 글자와 글자가 너무 벌어지곤 하거든요. 네모 칸이 없으면 글자의 세로선도 비뚤어지기 쉬우니까 선을 똑바로 내리긋는 데에도 조심해야겠죠? 좋은 글자 모양과 반듯한 선을 꼭 기억해요!

글자와 글자는 살짝 붙여서 쓰는 게 좋고, 단어와 단어는 한 글자 조금 안 되게 사이를 띄우면 돼요. 모든 세로획은 밑으로 똑바로 그어야 하고요.

글자의 세로획은 아래로 반듯하게 그어야 해요.

동해물과 백두산이

글자 간격이 너무 벌어졌어요.

단어와 단어는 한 글자 넓이로 분명하게 띄워요.

★ 〈어린 왕자〉에 나오는 명대사를 써 보아요. 글자 간격을 예시문처럼 좁혀서 쓰고, 단어와 단어 사이는 한 글자 조금 안 되게 띄워요.

# 사막이 아름다운 건 어딘가에

# 샘을 감추고 있기 때문이야.

# 눈으로는 찾을 수 없어.

★ 문장을 쓸 때 세로획이 반듯하면 글씨가 더욱 좋아 보여요. 글자의 모든 세로선을 아래로 똑바로 긋는다는 마음으로 써 보아요.

오직 마음으로 찾아야 해.

정말로 소중한 것은

눈에 보이지 않는 법이야.

Day 13 **단정체 단어 연습 —** 반가운 말  연습일 ___월 ___일

★ 글자 모양 바로잡기 단정체 연습을 마무리해요. 들으면 반가운 말들이에요!

| 안 | 녕 | 축 | 하 | 사 | 랑 | 해 |
|---|---|---|---|---|---|---|
| 안 | 녕 | 축 | 하 | 사 | 랑 | 해 |
| 안 | 녕 | 축 | 하 | 사 | 랑 | 해 |
|   |   |   |   |   |   |   |

눈으로 연필심을 따라가며 글자 획 하나하나에 집중해서 써요.

| 생 | 일 | 행 | 운 | 고 | 마 | 워 |
|---|---|---|---|---|---|---|
| 생 | 일 | 행 | 운 | 고 | 마 | 워 |
| 생 | 일 | 행 | 운 | 고 | 마 | 워 |
|   |   |   |   |   |   |   |

★ '획으로 집을 짓는다'는 느낌으로 쓰면 글씨가 더욱 빨리 늘어요.

| 방 | 학 | 최 | 고 | 쉬 | 는 | 날 |

| 편 | 지 | 엽 | 서 | 합 | 격 | |

★ 획의 시작과 끝, 획과 획의 연결이 깔끔하도록 천천히 써요.

| 친 | 구 | 새 | 해 | 좋 | 은 | 일 |

| 첫 | 눈 | 가 | 족 | 엄 | 마 | |

# 예쁜 글씨로 낱말 퍼즐 1 — 역사 상식

**가로 열쇠**

1. 임진왜란 때 한산도 대첩, 명량 대첩 등의 승리로 나라를 구한 장군
5. 동양에서 가장 오래된 천문 관측대로 경주에 있다.
8. 고려의 태조가 되어 후삼국을 통일시킨 왕
10. 고구려의 시조로 알에서 태어났다고 하며 활을 잘 쏘는 것으로 유명하다.
12. 임금이 나라의 중요한 문서에 사용했던 도장
13. 신라 때의 신분 제도로 왕족은 성골과 진골에 해당한다.
16. 신라 성덕대왕 신종의 다른 이름으로 종 울림 소리를 본떠 이렇게 부른다.
17. 발해의 시조로 고구려의 옛 영토를 회복하여 713년에 나라를 세웠다.
19. 고려 말에 몽골의 지배에서 벗어나고자 과감한 개혁 정치를 펼친 왕
21. 중국 춘추 시대의 병법가로 《○○병법》을 지었다.
22. 고려 말기의 충신으로 이방원에 의해 선죽교에서 죽음을 맞았다.

**세로 열쇠**

2. 나라를 위해 목숨을 바침. 유관순의 ○○ 정신
3. 역사 시대 구분에서 원시 시대와 중세 사이의 시대
4. 광개토대왕의 맏아들로 도읍을 평양으로 옮기고 고구려의 전성기를 이루었다.
6. 조선 예종과 연산군 사이의 임금으로 서울의 선릉이 그의 묘소다.
7. 신라 천년의 도읍으로 불국사, 천마총 등 많은 유적이 남아 있다.
9. 나라를 세운다는 의미

11. 칭기즈 칸 때 아시아와 유럽에 걸쳐 대제국을 건설한 나라

14. 그리스 신화에 나오는 최고의 신

15. 훈민정음(한글)을 만든 조선의 네 번째 왕을 높여 부르는 말

18. 조선 시대 의정부의 최고 벼슬로 삼정승 중 하나이다.

19. 중국 춘추 시대의 사상가로《논어》에 그의 언행과 사상이 잘 나타나 있다.

20. 대를 이어 나라를 다스리는 왕을 다르게 부르는 말. 세습 ○○

☞ 정답은 114쪽을 보세요.

### 3단원

# 글씨체가 좋아지는 정자체 연습장

이 단원은 정자체 단어와 문장으로 연습하게 돼요.
틀리기 쉬운 맞춤법부터 다양한 직업, 명언, 시,
나에게 힘을 주는 글 등으로 구성했어요.
글씨를 연습하며 말과 글의 힘을 느껴 보아요.

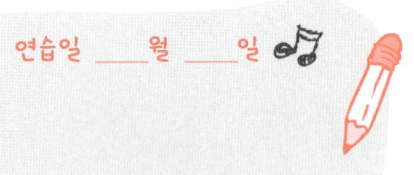

## Day 14 정자체로 단어 따라 쓰기

여기서부터는 정자체로 바른 글씨를 연습해 보아요.

글씨 서체는 교과서 등에 흔히 쓰이는 정자체, 글자를 살짝 기울여 단조롭게 쓰는 경사체, 흘려서 쓰는 흘림체 등이 있어요. 우리가 자주 접하는 명조체(바탕체), 굴림체, 궁서체 같은 이름은 원래 인쇄용 서체이고요.

그런데 글씨를 잘 쓰는 사람들의 글자 모양새를 보면 정말 제각각이지요? 귀엽게 느껴지는 것도 있고, 개성이 듬뿍 실려 있는 글씨도 있어요. 이처럼 좋은 손글씨 서체에 딱히 정답은 없어요. 하지만 글씨가 서툴다면 한동안은 획이 굵고 단순한 단정체나 정자체로 연습하는 게 좋아요. 기본 글씨체를 충분히 익힌 후에 내 마음에 드는 글씨를 찾는 것이지요.

**단정체**   봄이 오면 산에 들에 진달래 피네

**정자체**   봄이 오면 산에 들에 진달래 피네

**경사체**   봄이 오면 산에 들에 진달래 피네

## 틀리기 쉬운 맞춤법 1

★ 틀리기 쉬운 맞춤법 단어를 4B 연필이나 2B 연필로 천천히 써 보아요.

★ 손과 눈(두뇌)이 잘 기억할 수 있도록 '연필로 붓글씨를 쓰듯이' 정성껏 써요.

| 우 | 레 | 눈 | 곱 | 깨 | 끗 | 이 |
|---|---|---|---|---|---|---|
| 우 | 레 | 눈 | 곱 | 깨 | 끗 | 이 |
| 우 | 레 | 눈 | 곱 | 깨 | 끗 | 이 |
|   |   |   |   |   |   |   |

반듯한 모양과 깔끔한 선을 생각하며 천천히 따라 써요.

| 장 | 롱 | 금 | 세 | 연 | 년 | 생 |
|---|---|---|---|---|---|---|
| 장 | 롱 | 금 | 세 | 연 | 년 | 생 |
| 장 | 롱 | 금 | 세 | 연 | 년 | 생 |
|   |   |   |   |   |   |   |

★ 획이 꺾이는 부분은 한 박자를 멈춘 다음에 연필 방향을 바꿔요.

| 찌 | 개 | 오 | 랜 | 만 | 안 | 돼 |
|---|---|---|---|---|---|---|
| 찌 | 개 | 오 | 랜 | 만 | 안 | 돼 |
| 찌 | 개 | 오 | 랜 | 만 | 안 | 돼 |
|   |   |   |   |   |   |   |
|   |   |   |   |   |   |   |

| 닭 | 개 | 장 | 꽃 | 봉 | 오 | 리 |
|---|---|---|---|---|---|---|
| 닭 | 개 | 장 | 꽃 | 봉 | 오 | 리 |
| 닭 | 개 | 장 | 꽃 | 봉 | 오 | 리 |
|   |   |   |   |   |   |   |
|   |   |   |   |   |   |   |

★ 받침이 없는 글자라도 글자 크기가 너무 작아지면 안 돼요.

| 웬 | 만 | 하 | 면 | 풋 | 내 | 기 |
|---|---|---|---|---|---|---|
| 웬 | 만 | 하 | 면 | 풋 | 내 | 기 |
| 웬 | 만 | 하 | 면 | 풋 | 내 | 기 |
|   |   |   |   |   |   |   |
|   |   |   |   |   |   |   |

| 갈 | 치 | 덩 | 굴 | 게 | 양 | 대 |
|---|---|---|---|---|---|---|
| 갈 | 치 | 덩 | 굴 | 게 | 양 | 대 |
| 갈 | 치 | 덩 | 굴 | 게 | 양 | 대 |
|   |   |   |   |   |   |   |
|   |   |   |   |   |   |   |

## Day 15 정자체 단어 연습 1 — 틀리기 쉬운 맞춤법 2     연습일 ___월 ___일

★ 획의 시작과 끝, 획과 획의 연결이 깔끔하도록 천천히 써요.

| 설 | 거 | 지 | 칠 | 흑 | 역할 |
|---|---|---|---|---|---|
| 설 | 거 | 지 | 칠 | 흑 | 역할 |
| 설 | 거 | 지 | 칠 | 흑 | 역할 |
|   |   |   |   |   |   |

반듯한 모양과 깔끔한 선을 생각하며 천천히 따라 써요.

| 안 | 팎 | 뒤 | 치 | 다 | 꺼리 |
|---|---|---|---|---|---|
| 안 | 팎 | 뒤 | 치 | 다 | 꺼리 |
| 안 | 팎 | 뒤 | 치 | 다 | 꺼리 |
|   |   |   |   |   |   |

★ 세로획은 무엇보다 아래로 반듯하게 곧아야 해요.

| 눈 | 엣 | 가 | 시 | 헹 | 가 | 래 |
|---|---|---|---|---|---|---|
| 눈 | 엣 | 가 | 시 | 헹 | 가 | 래 |
| 눈 | 엣 | 가 | 시 | 헹 | 가 | 래 |
|   |   |   |   |   |   |   |
|   |   |   |   |   |   |   |

| 젓 | 갈 | 닭 | 달 | 슈 | 퍼 | 맨 |
|---|---|---|---|---|---|---|
| 젓 | 갈 | 닭 | 달 | 슈 | 퍼 | 맨 |
| 젓 | 갈 | 닭 | 달 | 슈 | 퍼 | 맨 |
|   |   |   |   |   |   |   |
|   |   |   |   |   |   |   |

★ 글자의 전체적인 모양과 균형을 생각하며 천천히 써 보아요.

| 눈 | 살 | 화 | 병 | 살 | 코 | 기 |
|---|---|---|---|---|---|---|
| 눈 | 살 | 화 | 병 | 살 | 코 | 기 |
| 눈 | 살 | 화 | 병 | 살 | 코 | 기 |
|   |   |   |   |   |   |   |
|   |   |   |   |   |   |   |

| 개 | 구 | 쟁 | 이 | 떡 | 볶 | 이 |
|---|---|---|---|---|---|---|
| 개 | 구 | 쟁 | 이 | 떡 | 볶 | 이 |
| 개 | 구 | 쟁 | 이 | 떡 | 볶 | 이 |
|   |   |   |   |   |   |   |
|   |   |   |   |   |   |   |

# Day 16 정자체 단어 연습 2 — 틀리기 쉬운 받아쓰기  연습일 ___월 ___일

★ 초등학생이 자주 틀리는 받아쓰기 단어들을 천천히 써 보아요.

| 늠 | 름 | 한 | 왠 | 지 | 부 | 억 |
|---|---|---|---|---|---|---|
| 늠 | 름 | 한 | 왠 | 지 | 부 | 억 |
| 늠 | 름 | 한 | 왠 | 지 | 부 | 억 |
|   |   |   |   |   |   |   |

정자체는 글자 모양과 깔끔한 선이 더욱 중요해요.

| 베 | 개 | 낮 | 빛 | 볶 | 음 | 밥 |
|---|---|---|---|---|---|---|
| 베 | 개 | 낮 | 빛 | 볶 | 음 | 밥 |
| 베 | 개 | 낮 | 빛 | 볶 | 음 | 밥 |
|   |   |   |   |   |   |   |

★ 반듯한 선에 주의하며 연필에 힘을 처음부터 끝까지 똑같이 주어요.

| 맑 | 음 | 무 | 릎 | 선 | 불 | 리 |
|---|---|---|---|---|---|---|
| 맑 | 음 | 무 | 릎 | 선 | 불 | 리 |
| 맑 | 음 | 무 | 릎 | 선 | 불 | 리 |
|   |   |   |   |   |   |   |
|   |   |   |   |   |   |   |

| 비 | 눗 | 방 | 울 | 전 | 봇 | 대 |
|---|---|---|---|---|---|---|
| 비 | 눗 | 방 | 울 | 전 | 봇 | 대 |
| 비 | 눗 | 방 | 울 | 전 | 봇 | 대 |
|   |   |   |   |   |   |   |
|   |   |   |   |   |   |   |

★ 획의 연결 부분에 선이 넘지 않도록 깔끔하게 이어야 해요.

| 널 | 찍 | 한 | 넓 | 적 | 며 | 칠 |
|---|---|---|---|---|---|---|
| 널 | 찍 | 한 | 넓 | 적 | 며 | 칠 |
| 널 | 찍 | 한 | 넓 | 적 | 며 | 칠 |
|   |   |   |   |   |   |   |
|   |   |   |   |   |   |   |

| 돌 | 멩 | 이 | 어 | 차 | 피 | 넋 |
|---|---|---|---|---|---|---|
| 돌 | 멩 | 이 | 어 | 차 | 피 | 넋 |
| 돌 | 멩 | 이 | 어 | 차 | 피 | 넋 |
|   |   |   |   |   |   |   |
|   |   |   |   |   |   |   |

## Day 17 · 정자체 단어 연습 3 — 다양한 직업

연습일 ___월 ___일

★ 세상에는 수많은 직업이 있지요? 그것들을 써 보며 내 희망도 생각해 보아요.

| 사 | 업 | 가 | 학 | 자 | 의 | 사 |

글씨 연습에서는 반듯한 선과 균형 있는 모양새가 우선이에요.

| 선 | 생 | 님 | 배 | 우 | 작 | 가 |

★ 획의 시작과 끝, 획과 획의 연결이 깔끔하도록 천천히 써요.

| 외 | 교 | 관 | 가 | 수 | 경 | 찰 |

| 운 | 동 | 선 | 수 | 군 | 인 | |

★ 눈이 연필심을 따라가며 글자 획 하나하나에 집중해서 써요.

| 회 | 사 | 원 | 화 | 가 | 농 | 부 |

| 변 | 호 | 사 | 장 | 래 | 희 | 망 |

## Day 18 정자체 단어 연습 4 — 나의 가치를 높이는 말   연습일 ___월 ___일

★ 살아가면서 나를 드높여 주는 가치들을 써 보아요.

| 성 | 실 | 공 | 부 | 자 | 신 | 감 |
|---|---|---|---|---|---|---|
| 성 | 실 | 공 | 부 | 자 | 신 | 감 |
| 성 | 실 | 공 | 부 | 자 | 신 | 감 |
|   |   |   |   |   |   |   |

획의 처음부터 끝까지 힘을 똑같이 주며 천천히 써요.

| 목 | 표 | 노 | 력 | 리 | 더 | 십 |
|---|---|---|---|---|---|---|
| 목 | 표 | 노 | 력 | 리 | 더 | 십 |
| 목 | 표 | 노 | 력 | 리 | 더 | 십 |
|   |   |   |   |   |   |   |

★ 네모 칸의 3분의 2 정도 크기로, 자음과 모음의 균형에 주의해요.

| 배 | 려 | 심 | 의 | 리 | 독 | 서 |

| 도 | 전 | 끈 | 기 | 실 | 천 | 력 |

★ 자음과 모음의 모양이 분명하고 선이 반듯하도록 천천히 써야 해요.

| 용 | 서 | 겸 | 손 | 인 | 내 | 심 |
|---|---|---|---|---|---|---|
| 용 | 서 | 겸 | 손 | 인 | 내 | 심 |
| 용 | 서 | 겸 | 손 | 인 | 내 | 심 |
|   |   |   |   |   |   |   |
|   |   |   |   |   |   |   |

| 취 | 미 | 특 | 기 | 믿 | 음 |   |
|---|---|---|---|---|---|---|
| 취 | 미 | 특 | 기 | 믿 | 음 |   |
| 취 | 미 | 특 | 기 | 믿 | 음 |   |
|   |   |   |   |   |   |   |
|   |   |   |   |   |   |   |

**쉬어가기**

# 예쁜 글씨로 낱말 퍼즐 2 — 일반 상식

**가로 열쇠**

1. 돌, 바람, 여자가 많은 섬이라는 뜻으로 제주도를 가리킨다.
5. 태양을 중심으로 수성, 금성, 지구 등이 공전하는 천체를 말한다.
7. 고양잇과 동물로 포유류 중 가장 빨리 달린다.
9. 우리나라에서 가장 높은 산(2,744m)으로 함경도와 만주 사이에 있다.
10. 산속에 근거지를 두고 활동하는 도둑
12. 공기 중에 질소 다음으로 많은 원소
14. 석회암이 높은 온도와 압력을 받아 생겨난 돌
15. 신라 시대에 화랑을 우두머리로 한 청소년 수양 단체
16. 무거운 물건을 들어 올려 이동시키는 기계
17. 우라늄 같은 원소의 원자핵이 붕괴하면서 방출하는 방사선의 세기
19. 나라 간에 무역할 때 내야 하는 세금
22. 금을 캐내는 광산
23. 북극 하늘에 별 일곱 개가 국자 모양을 이루고 있는 별자리

**세로 열쇠**

2. 〈모나리자〉, 〈최후의 만찬〉 등을 그린 이탈리아의 예술가이자 과학자
3. 조선의 수도로 현재의 서울에 해당한다.
4. 병자호란 때 45일간 항전했던 것으로 유명한 조선의 산성
6. 황산벌에서 김유신과 맞서 싸우다가 전사한 백제의 장군

8. 다른 사람의 실수라도 교훈이 된다는 뜻의 사자성어

11. 적도 부근의 고온 다습한 지역

13. 음식물을 소화하고 흡수하는 기관을 가리키는 말

18. 강수량이 적어 식물이 자라기 어려운 지역

20. 나라 살림에 쓰기 위해 국민이 부담해야 하는 돈

21. 제2차세계대전 때 독일과의 전쟁을 승리로 이끈 영국 정치가

☞ 정답은 114쪽을 보세요.

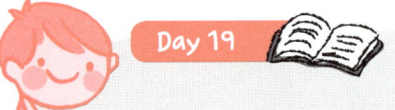

# 정자체로 문장 따라 쓰기 — 우리 속담

연습일 ___월 ___일

지금까지 정자체 단어 쓰기 연습을 잘 따라왔나요?

글씨를 크게 쓰면 생각만큼 획이 예쁘게 그어지지 않을 수 있어요. 하지만 당장 마음에 들지 않아도 꾸준히 써야 해요. 나중에 글씨를 작게 쓸 때면 더 예뻐지는 데다가 큰 글씨로 연습해야 글자 모양 익히기와 선 긋기 연습이 되기 때문이에요.

그런데 글씨가 좋아 보이려면 한 글자 한 글자 잘 쓰는 것도 중요하지만, 단어와 문장을 가지런히 쓰는 습관도 필요해요.

병아리들도 줄을 딱딱 맞춰서 가니까 보기에 더 좋지요? 글도 마찬가지예요. 글자와 글자, 줄과 줄의 간격을 잘 맞추면 글씨가 더욱 좋아 보인답니다.

글자 줄을 잘 맞추려면 맨 먼저 쓰는 글자의 자리를 잘 잡아야 해요. 기준이 되는 글자 자리를 잡은 다음에, 그다음부터는 왼쪽 글자에 맞춰 쓰면 되지요.

★ 아래 정자체 속담들을 연필로 따라 써 보아요. 글자 하나하나의 모양이 분명하고 글자들의 크기가 가지런해야 돼요.

보기 좋은 떡이 먹기도 좋다.

보기 좋은 떡이 먹기도 좋다.

천 리 길도 한 걸음부터

천 리 길도 한 걸음부터

윗물이 맑아야 아랫물도 맑다.

윗물이 맑아야 아랫물도 맑다.

★ 획이 꺾이는 부분에서 한 박자 쉬고 연필 방향을 바꿔요. 획의 연결 부분을 선이 넘지 않도록 깔끔하게 이어야 해요.

고래 싸움에 새우 등 터진다.

참새가 방앗간을 그냥 지나랴.

돌다리도 두들기고 건너라.

★ 글자들의 키 높이를 잘 맞추고 단어와 단어는 분명하게 띄워요. 세로획들이 반듯하고 가지런하면 글씨가 더욱 정돈되어 보여요.

말 한마디에 천 냥 빚도 갚는다.

말 한마디에 천 냥 빚도 갚는다.

서투른 목수가 연장을 탓한다.

서투른 목수가 연장을 탓한다.

가랑비에 옷 젖는 줄 모른다.

가랑비에 옷 젖는 줄 모른다.

### Day 20 정자체 문장 연습 1 — 서양 속담

연습일 ___월 ___일

뜻이 있는 곳에 길이 있다.

만족하는 사람은 언제나 부자다.

세월은 사람을 기다리지 않는다.

★ 이번에는 서양 속담이에요. 글자의 크기와 간격을 잘 맞춰요. 글자 하나하나의 모양이 분명하고 글자들의 크기가 가지런해야 돼요.

멀리 여행하는 자는 많이 안다.

멀리 여행하는 자는 많이 안다.

신은 스스로 돕는 자를 돕는다.

신은 스스로 돕는 자를 돕는다.

네가 누리는 축복을 세어 보라.

네가 누리는 축복을 세어 보라.

★ 획의 연결 부분을 선이 넘지 않도록 깔끔하게 이어요. 그러려면 천천히 써야 하겠지요? 받침이 없는 글자라도 크기를 고르게 쓰고요.

시작하기 전에 끝을 생각하라.

오늘 일을 내일로 미루지 마라.

노력은 성공의 어머니

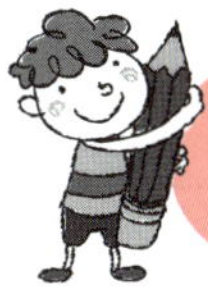

# Day 21 정자체 문장 연습 2 — 위인의 명언

연습일 ___월 ___일

(독립운동가 김구)

## 모든 것은 내 자신에게 달려 있다.

(최영 장군)

## 황금 보기를 돌같이 하라.

(이순신 장군)

## 내 죽음을 적에게 알리지 마라.

★ 이번에는 서양 위인들의 명언이에요. 각각의 세로 모음의 길이를 잘 맞추고, 받침이 있는 글자는 세로획이 받침 자리를 쳐들어가지 않도록 해요.

(에이브러햄 링컨 대통령)

# 나는 천천히 걸어가는 사람입니다.

나는 천천히 걸어가는 사람입니다.

# 하지만 뒤로는 걷지 않습니다.

하지만 뒤로는 걷지 않습니다.

(미생물학자 루이 파스퇴르)

# 기회는 준비된 이에게 찾아온다.

기회는 준비된 이에게 찾아온다.

★ 획이 꺾이는 부분에서 한 박자 쉬고 연필 방향을 바꿔요. 자음과 모음의 모양이 분명해야 하고, 반듯한 선 긋기에도 주의해요.

(소설가 윌리엄 포크너)

남들보다 더 잘하려고 고민하지

마라. 지금의 나보다 잘하려고

애쓰는 게 더 중요하다.

## Day 22 정자체 문장 연습 3 — 〈오즈의 마법사〉

연습일 ___월 ___일

(마법사 오즈)

내가 보기에 너는 이미 용기 있는

사자야. 지금 네게 필요한 것은

용기가 아니라 자신감이야.

★ 여기서는 조금 더 작은 크기의 정자체 문장을 연습해요. 2B 연필이나 B 연필로 글자 모양과 반듯한 선을 생각하며 써 보아요.

생명이 있는 모든 것들은 위험을

생명이 있는 모든 것들은 위험을

마주하면 두려워하기 마련이지.

마주하면 두려워하기 마련이지.

그 같은 두려움을 이기고 위험에

그 같은 두려움을 이기고 위험에

★ 글자들의 크기와 간격을 잘 맞춰요. 글자 하나하나의 모양이 분명하고 비뚤어진 느낌이 없도록 정성껏 써 보아요.

# 맞서는 게 진정한 용기란다.

맞서는 게 진정한 용기란다.

# 너는 그런 용기를 충분히

너는 그런 용기를 충분히

# 가지고 있어. 네 마음속에 말이지.

가지고 있어. 네 마음속에 말이지.

★ 정자체는 똑바르고 깔끔한 선이 더욱 중요해요. 글자들의 크기와 높이가 고르도록 밑줄을 잘 맞추어 써야겠지요?

(양철 나무꾼)

난 심장을 얻을 거예요. 뇌는 사람을

행복하게 만들어 주지 못해요.

가장 소중한 건 바로 행복이니까요.

## Day 23 정자체 문장 연습 4 —〈빨강머리 앤〉

정말로 행복한 나날이란 멋지고

놀라운 일이 날마다 일어나는 게

아니라 진주알들이 하나하나

★ 글자들의 간격을 너무 떨어뜨리지 않도록 해요. 글자 하나하나의 모양이 분명하고 글자들의 크기도 가지런해야 돼요.

한 줄로 꿰어지듯이 소박하고

자잘한 기쁨이 내 안에서 조용히

이어지는 날들인 것 같아요.

★ 획이 꺾이는 부분에서 한 박자 쉬고 연필 방향을 바꿔요. 획의 연결 부분을 선이 넘지 않도록 깔끔하게 이어야 해요.

시냇물이 있었다는 걸 기억해 두고

싶어요. 그런 좋은 기억은 제가

앞으로 살아가는 데 힘이 되거든요.

★ 오선 악보가 그려진 노트, 영어 알파벳 연습 노트처럼 가로 기준선이 여러 개 있는 노트에 정자체 문장을 연습하는 것도 좋은 방법이에요.

세상이 생각대로 되지 않는다는 건

정말 멋지네요. 생각지도 못했던

일이 일어난다는 거니까요!

이번에는 가로줄 없이 정자체로 동시 두 편을 따라 써 보아요. 글자 모양과 반듯한 선을 생각하며, 글자 간격과 줄도 잘 맞춰야 해요.

## 형제별

방정환

날 저무는 하늘에 별이 삼형제
반짝반짝 정답게 지내이더니
웬일인지 별 하나 보이지 않고
남은 별이 둘이서 눈물 흘리네

## 형제별

방정환

날 저무는 하늘에 별이 삼형제

반짝반짝 정답게 지내이더니

웬일인지 별 하나 보이지 않고

남은 별이 둘이서 눈물 흘리네

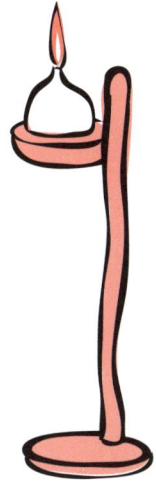

## 창구멍

윤동주

바람부는 새벽에 장터가시는
우리아빠 뒷자취 보구싶어서
춤을발라 뚫어논 작은창구멍
아롱아롱 아침해 비치웁니다.

눈내리는 저녁에 나무팔러간
우리아빠 오시나 기다리다가
혀끝으로 뚫어논 작은창구멍
살랑살랑 찬바람 날아듭니다.

■ '춤'은 '침'의 남부, 중부 지방 사투리예요.

## 창구멍

윤동주

바람부는 새벽에 장터가시는

우리아빠 뒷자취 보구싶어서

춤을발라 뚫어논 작은창구멍

아롱아롱 아침해 비치웁니다.


눈내리는 저녁에 나무팔러간

우리아빠 오시나 기다리다가

혀끝으로 뚫어논 작은창구멍

살랑살랑 찬바람 날아듭니다.

### Day 25

## 문장 따라 쓰기 — ⟨안네의 일기⟩와 ⟨탈무드⟩

오늘은 문장을 노트에 쓰는 연습이에요. 노트 밑줄에 맞춰 글자들의 크기가 고르고, 모양이 반듯하도록 쓰면 돼요. ⟨안네의 일기⟩를 먼저 쓰고, 유대인 5천년의 지혜가 담긴 ⟨탈무드⟩의 가르침도 따라 써 보아요.

나는 종종 풀이 죽어 있기는 해도 결코 절망하지는 않았어.

은신처 생활은 위험하지만, 로맨틱하고 재미있는 모험이기도 해.

키티, 나는 네게 이 은신처의 위험하고 자유롭지 못한

생활까지도 즐겁게 알려줄 생각이야.


불평하는 일은 라디오를 켜는 것과 같다.

나는 라디오를 켤 수도 있고, 켜지 않을 수도 있다.

나는 늘 켜지 않는 쪽을 선택했다.

— ⟨안네의 일기⟩

■ 안네 프랑크(1929~1945) : 제2차세계대전 때 독일의 유대인 박해를 피해 열세 살의 안네는 2년이 넘는 기간 동안 은신처에서 숨어 지내며 이 일기를 남겼어요. 하지만 이후 체포되어 결국 수용소에서 숨을 거두었어요.

## 〈탈무드〉의 가르침

이미 끝나 버린 일을 후회하기보다

하고 싶었던 일들을 하지 못한 것을 후회하라.


지혜로운 사람은 본 것을 이야기하지만,

어리석은 사람은 들은 것을 이야기한다.


가장 현명한 이는

모든 이들에게 배우려는 사람이요,

가장 사랑받는 이는

모든 이들을 칭찬하는 사람이다.


내가 꿈을 이루면

나는 또다시 누군가의 꿈이 된다.

- 〈탈무드〉

**숫자와 영어 알파벳 연습**

연습일 ____월 ____일

아라비아숫자에는 곡선이 많지요? 그래서 2나 3, 6에서처럼 둥근 부분을 매끄럽게 그어야 해요. 숫자들의 크기를 맞추고 선이 반듯해야 하는 것은 한글과 같아요.

1 2 3 4 5 6 7 8 9 0

★ 영어 알파벳 소문자에도 곡선이 많네요. 둥근 부분을 매끄럽게 쓰고, 세로선을 아래로 반듯하게 그어야 보기에 좋아요.

# a b c d e f g h i

# j k l m n o p q r

★ 영어 단어를 쓸 때는 글자 간격이 너무 벌어지지 않도록 해요. 특히 영어는 아랫선을 가지런하게 맞춰야 더욱 보기에 좋답니다.

s t u v w x y z

(당신의 행운을 빌어요!)

I wish you good luck!

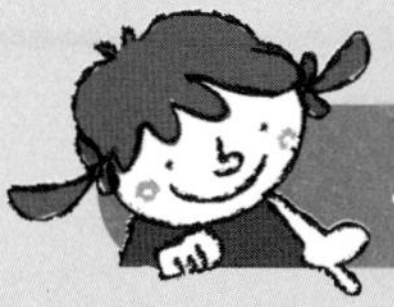

## 예쁜 글씨로 끝말잇기

끝말잇기 게임이에요. 끝말잇기에서 지지 않으려면 더 이상 이을 말이 없는 단어로 되받으면 돼요. 예를 들어 치즈, 그릇, 나무꾼, 기쁨, 마그네슘, 칼슘 등이지요. 그러면 아래 빈칸에 들어갈 낱말을 자유롭게 써 보아요. 예쁜 글씨로요!

**학교** → ☐ → ☐ → ☐ →

☐ → ☐ → ☐

**기차** → ☐ → ☐ → ☐ →

☐ → ☐ → ☐ →

☐ → ☐ → ☐

**사과** → ☐ → ☐ → ☐ →

☐ → ☐ → ☐ →

☐ → ☐ → ☐

★ 〈예쁜 글씨로 낱말 퍼즐〉 정답이에요!

☞ 문제는 62쪽

|   | ¹이 | ²순 | 신 |   |   |   | ³고 |
|---|---|---|---|---|---|---|---|
| ⁴장 |   | 국 |   |   | ⁵첨 | ⁶성 | 대 |
| 수 |   |   | ⁷경 |   |   | 종 |   |
| ⁸왕 | ⁹건 |   | ¹⁰주 | ¹¹몽 |   |   |   |
|   | ¹²국 | 새 |   | ¹³골 | 품 | ¹⁴제 | 도 |
|   |   |   | ¹⁵세 |   |   | 우 |   |
| ¹⁶에 | 밀 | 레 | 종 |   |   | 스 |   |
|   |   |   | ¹⁷대 | 조 | ¹⁸영 |   |   |
|   | ¹⁹공 | 민 | 왕 |   | 의 |   | ²⁰군 |
| ²¹손 | 자 |   |   |   | ²²정 | 몽 | 주 |

☞ 문제는 82쪽

|  | ¹삼 | ²다 | 도 |   | ³한 |   |   | ⁴남 |
|---|---|---|---|---|---|---|---|---|
|   |   | 빈 |   | ⁵태 | 양 | ⁶계 |   | 한 |
|   |   | ⁷치 | ⁸타 |   |   | ⁹백 | 두 | 산 |
|   |   |   | ¹⁰산 | 적 |   |   |   | 성 |
|   | ¹¹열 |   | 지 |   | ¹²산 | ¹³소 |   |   |
|   | ¹⁴대 | 리 | 석 |   |   | ¹⁵화 | 랑 | 도 |
|   | 지 |   |   | ¹⁶기 | 중 | 기 |   |   |
|   | ¹⁷방 | ¹⁸사 | 능 |   |   | ¹⁹관 | ²⁰세 |   |
|   |   | 막 |   |   | ²¹처 |   | ²²금 | 광 |
|   |   |   |   |   | ²³북 | 두 | 칠 | 성 |

114

## 4단원

# 생활 속 예쁜 글씨 연습장

30일간의 글씨 여행 중 마지막 4일이 남았어요.
이 단원에서는 일상생활에서
이따금 쓰게 되는 글씨 연습을 해요.
바뀐 글씨체를 내 것으로 만드는 과정이기도 하지요.

# 손글씨 예쁘게 쓰기

지금부터는 실제 생활에서 이따금 쓰게 되는 카드, 하루 계획표, 일기 등으로 문장 쓰기를 연습해요. 필기구나 글씨체는 내 마음에 드는 것을 고르면 돼요. 카드를 적을 때는 다양한 색깔의 색연필로 써도 좋고, 아래 같은 그림을 함께 그려 넣어도 예쁠 거예요. 다시 한 번 따라서 그려 볼까요?

**축하 카드 쓰기**

나의 친구 구름에게
열한 번째 생일 축하하고,
태어나줘서 고마워~
　　　너의 친구 하늘이!

나의 친구 구름에게
열한 번째 생일 축하하고,
태어나줘서 고마워~
　　　너의 친구 하늘이!

**이번에는
나와 친구
이름을 넣어서
써 보아요!**

예쁜 그림을 넣어서 카드를 적으면 상대방이 더욱 좋아하겠죠!

선생님
가르쳐주셔서
감사합니다.
항상 건강하세요.

홍길동 올림

마음에 드는 연필로 쓰고, 그림에도 색깔을 넣어 보아요.

사랑하는 ○○
돌봐주셔서 고맙습니다.
열심히 공부하고,
어른이 되면 꼭 보답할게요.

○○○ 올림

## 일기장 쓰기

왜 일기를 매일 써야 하는지 잘 이해되지 않지요? 사실 귀찮기도 할 거예요. 하지만 글씨 연습에 일기는 많은 도움이 된답니다. 숙제를 할 때와는 달리 일기는 차분하게 글씨를 쓸 수 있기 때문이에요. 게다가 일기는 글쓰기, 논리적인 생각, 하루의 반성 등을 통해 나의 성장에 큰 영향을 미쳐요.

일기 같은 글을 쓸 때는 문단 범위를 적당히 정한 뒤 줄을 잘 맞추는 게 중요해요. 특히 각 줄의 첫 글자를 세로로 잘 맞춰요. 학교 조회에서 반별로 줄을 지어 서는 것처럼 글자들로 예쁘게 줄을 세우는 거지요.

- 첫 글자 위치와 크기를 가늠해요. 빈 공간이 적당히 있는 게 보기에 좋아요.
- 한 줄의 시작을 세로로 잘 맞춰요.

> 오늘은 형과 함께 도서관에 갔다.
> 형은 친구를 만나더니 바로 게임 하러 갔고,
> 나는 〈만화 조선왕조실록〉을 읽었다.
> 형은 책 읽는 즐거움을 잘 모르는 것 같다.
> 게임이 그렇게 재미있을까?

- 줄 간격은 글자 높이의 0.7~1.0 정도가 좋아요.
- 밑줄이 없을 때는 가로줄을 잘 맞춰서 써요.

일기에는 어떤 것을 적어도 좋아요. 하루 중에 있었던 가장 기억에 남는 일이나 느낀 점, 나의 생각을 떠올려서 글로 옮기면 돼요.

아래의 문단 틀(분홍색) 안에 왼쪽의 일기를 따라 써 보아요.

| 월     일     요일 | 날씨 |
|---|---|
|  |  |

오늘은 형과 함께 도서관에 갔다.

## Day 28
### 자주 쓰는 손글씨 연습

연습일 ___월 ___일

**메모지에 쓰기**

메모지에 쓸 때는 색연필이나 사인펜이 더 좋아요. 글씨가 더 예쁘니까요!

글자 크기는 어떤 종이에 적는지에 따라 맞추면 되는데, 무엇보다 친근한 느낌이 나게끔 쓰는 게 상대방이 읽기에도 좋겠죠?

철수와 놀이터에서
한 시간만 놀게요.
4시 30분에
길동이가

꼭 읽어야 할 책
1. 엉덩이 탐정
2. 기적의 암산법
3. 내일은 발명왕

**이름표와 주소 적기**

신나라 초등학교 4학년 1반
　　　　　　　　　　홍길동

서울시 종로구 세종대로 지하 175
　　　　　　　　　　세종 이야기

**나의 다짐 적기**

올해 목표나 다짐을 적을 때 연필은 알맞지 않아요. '목표'가 쉽게 지워지니까요. 네임펜이나 색연필 같은 필기구로 크게 적어 보아요. 목표는 구체적으로 세워야 이루어질 가능성도 높아요. 내가 이루고 싶은 목표를 아래처럼 적어 보아요.

올해의 목표

1. 아침 7시에 꼭 일어난다.
2. 집에서 하루 2시간은 공부한다.
3. 줄넘기 100개를 한다.

## 생활 계획표

하루하루가 모여서 한 달이 되고 일 년이 되는 거예요. 오늘 하루를 소홀히 해서는 멋진 내일을 기대하기 어렵겠죠? 그 하루를 어떻게 보내면 좋을지 계획표에 적어 보아요. 초등학생이라면 잠은 하루에 8시간 이상 자는 게 좋아요!

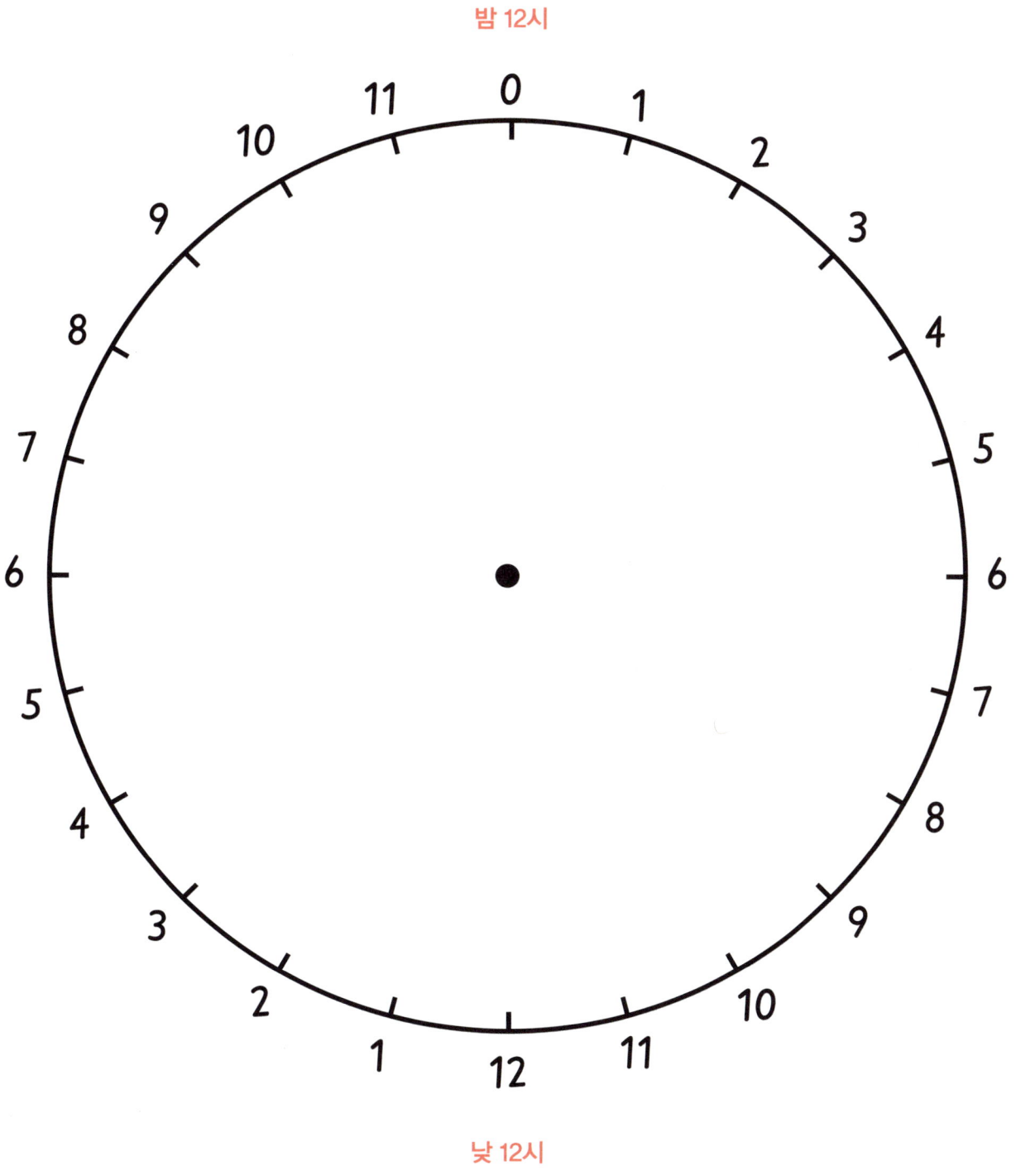

# Day 29 노트 필기와 원고지 쓰기

연습일 ___월 ___일

우리는 거의 매일 글씨를 쓰지요? 글씨가 좋아지는 바른 요령을 이해했다면 학교 수업 필기나 숙제, 일기 쓰기도 훌륭한 글씨 연습이 될 수 있어요. 반듯한 글씨를 위해 가장 중요한 것은 정성껏 천천히 쓰는 거예요!

색연필, 형광펜을 이용하면 더욱 보기 좋게 노트를 꾸밀 수도 있어요. 노트 필기의 기본은 작은 제목과 내용을 구분하고(세로줄을 그어서 왼쪽에 작은 제목을 적어요.), 중요한 사항을 나타내는 별 표시 같은 나만의 규칙을 만드는 거예요.

## 삼국 시대 전성기

**1. 백제의 시대**

근초고왕(4세기)
- 가야와 마한 정복, 평양성 공격
  (고구려 고국원왕 전사)
- 중국과 교류하고 일본에 문화를 전파

**2. 고구려의 시대**

광개토대왕, 장수왕(5세기)
- 동북아시아의 최강국을 만들다.
  : 한강 이북, 요동과 만주를 차지
  (중원고구려비, 광개토대왕릉비) ☆☆☆

**3. 신라의 시대**

진흥왕(6세기)
- 한강의 세 번째 주인이 되다.
  (단양 적성비, 북한산 순수비)
- 화랑도 조직 강화, 황룡사 건축
  → 삼국 통일의 기초를 다짐

## 노트 필기

왼쪽의 내용을 노트에 적어 보아요. 글씨를 반듯하게 써서 예쁘게 정리한다는 마음가짐이면 돼요. 색연필이나 형광펜으로 표시하면 더욱 좋고요.

## 200자 원고지 쓰기

원고지는 원래 글을 편집하기 위한 쓰임새로 만들어졌어요. 원고 분량과 띄어쓰기, 문단 나누기 같은 글 형식을 분명하게 알 수 있기 때문이에요. 원고지를 쓰면 글씨를 더 정성 들여 적게 되는 효과도 있답니다.

원고지 사용법은 몇 가지 규칙만 알면 정말 쉬워요. 한번 알아볼까요?

- 한글은 한 칸에 한 글자씩 적어요. 숫자와 영어 소문자는 한 칸에 두 자씩 적는데, 한 글자 숫자와 영어일 때는 한 칸에 하나만 넣어요.
- 제목은 두 번째 줄 가운데에 쓰고, 학교와 이름은 오른쪽에서 두 칸 정도 띄워 적으면 돼요. 새로운 문단은 줄을 바꿔서 첫 칸을 비우고 둘째 칸부터 써요.
- 물음표 같은 문장 부호는 한 칸에 하나씩 쓰는 게 원칙이에요. 하지만 쉼표와 마침표는 그다음 칸을 비우지 않아도 돼요.
- 큰따옴표가 있는 문장은 줄을 바꿔서 첫 칸을 띄우고 둘째 칸부터 적어요.

〈나의 목표〉라는 주제로 글을 써 보아요. 장래 희망이 아니더라도 운동, 취미처럼 하고 싶은 일을 적어도 좋아요. 목표가 있다는 것은 그 자체로 참 소중하니까요! 보통 200자 원고지를 많이 쓰는데, 아래는 연습용이에요.

## 마음을 전하는 글씨 쓰기

글씨 연습의 마지막 날이네요. 여기까지 멈추지 않고 온 것은 정말 대단한 일이에요. 무슨 일이든 마음먹기가 힘들고, 그것을 실천하기란 더욱 어렵지요. 공부 또한 이처럼 목표를 세워 꾸준히 노력하면 얼마든지 성과를 낼 거예요.

좋은 글씨란 어떤 글씨를 뜻하는 걸까요?

상대가 읽기 편한 반듯한 글씨가 그 첫 번째 조건일 거예요. 시골 할머니에게 손자가 쓴 편지를 떠올려 볼까요. 시력이 좋지 않을 할머니가 도저히 알아보기 어려울 정도로 비뚤배뚤하다면 결코 좋은 글씨라고 할 수 없어요. 글씨가 반듯해 보기에 좋고, 읽기에 편한 데다가, 여기에 나의 개성마저 드러난다면 그게 좋은 글씨가 아닐까 싶어요. 그처럼 좋은 글씨에 마음을 담아 글을 쓸 때 상대에게도 그 마음이 잘 전해질 거예요.

자, 누군가에게 편지를 쓰듯이 마음을 담아 두 편의 글과 소중한 사람들에게 전하는 말을 써 보는 것으로 '30일간의 글씨 여행'을 마칠게요.

슬프거나 어려움을 겪어 힘들었던 일들이

참 다행이라고 느꼈습니다.

그것은 기쁜 일, 행복한 일을

이제껏 느꼈던 이상으로

즐길 수 있게 해주기 때문입니다.

> － <미운 오리 새끼>

개성 있는 글씨는 전체적으로 글자를 살짝 기울여 쓴다거나 첫 자음, 혹은 받침 획에 특색을 살려 쓰는 등의 방법이 있어요.

〈피터 팬〉의 대사를 나만의 느낌으로 써 보고, 그림도 하나 곁들여 보아요.

너에게는 아직 꿈을 이루기 위한
충분한 시간이 있어!

- 피터 팬

피터 팬, 난 네 꿈과 희망과 소망이야.
네가 어른이 되면
난 잊히고 사라져 버리겠지만
그래도 여기서 너를 기다릴게.
나중에라도 꿈과 현실의 세계를 믿는다면
난 거기서 너를 사랑하고 있을 거야.

- 팅커벨

## 소중한 사람에게 전하는 말

글씨가 많이 나아졌나요? 글자 모양과 반듯한 선에 주의해 연습했다면 전보다 많이 좋아졌을 거예요.

하지만 이게 글씨 연습의 끝이어서는 안 돼요. 노트 필기나 일기, 글짓기를 할 때도 천천히 바르게 쓰는 습관을 갖도록 해요. 기본기를 갖춘 상태에서 좋은 글씨를 의식하면 글씨는 더더욱 좋아질 테니까요. 닮고 싶은 글씨체를 인터넷에서 찾아 꾸준히 써 보는 것도 아주 좋은 방법이에요.

글씨가 좋아진 기념으로 오른쪽에 엄마, 아빠나 친구 등등 소중한 사람에게 전하는 손편지를 써 보아요. 반듯하고 예쁜 글씨로 말이지요!

## 이해수 지음

출판기획 및 편집 프리랜서, 일본어 번역가로 일하고 있어요. 책 만드는 일을 하며 늘 글씨 가까이에 살지만, 글씨를 웬만큼 쓰게 되기까지 많은 노력을 해야 했어요. 그렇게 고심한 끝에 어떻게 하면 글씨를 잘 쓸 수 있는지에 대한 방법을 찾을 수 있었지요. 그 비결과 글씨 전문가들의 도움을 바탕으로 어린이를 위한 30일 글씨 교정 프로그램을 만들었어요. 한자 기초를 알려주는 《초등학생 30일 한자 연습장》과 어른을 위한 글씨 연습책 《30일간의 글씨 연습》을 썼고, 《당신도 지금보다 10배 빨리 책을 읽는다》, 《몸이 굳은 사람일수록 살이 빠지는 스트레칭》 등을 우리말로 옮겼어요.

글씨 잘 쓰는 아이가 공부도 잘해요!
# 초등학생 30일 글씨 연습장

개정판 1쇄 발행일 | 2021년 1월 10일
개정판 5쇄 발행일 | 2025년 1월 15일

지은이 | 이해수
펴낸이 | 이우희
디자인 | 우진(宇珍)
일러스트 | 정일문
손 모델 | 이수초등학교 이용준
펴낸곳 | 도서출판 좋은날들

출판등록 | 제2011-000196호
등록일자 | 2010년 9월 9일
일원화공급처 | (주) 북새통
(03938) 서울시 마포구 월드컵로36길 18 902호
전화 | 02-338-0117 · 팩스 | 02-338-7160
이메일 | igooddays@naver.com

copyright ⓒ 이해수, 2021
ISBN 978-89-98625-41-2 63640

 **품명** : 초등학생 30일 글씨 연습장　**제조자명** : 좋은날들　**제조연월** : 2025년 1월
**주소** : 서울시 마포구 월드컵로36길 18 902호　**전화번호** : 02-338-0117　**제조국명** : 대한민국
KC마크는 이 제품이 공통안전기준에 적합하였음을 의미합니다.　■**주의** : 종이에 베이지 않게 주의하세요.

＊ 잘못 만들어진 책은 서점에서 바꾸어 드립니다.